深夜

迷藏

戴日强
著

DAI-
RIQIANG

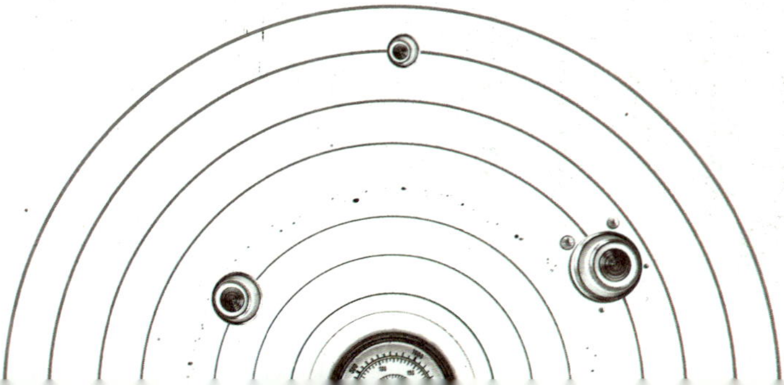

N
S
T
W
O

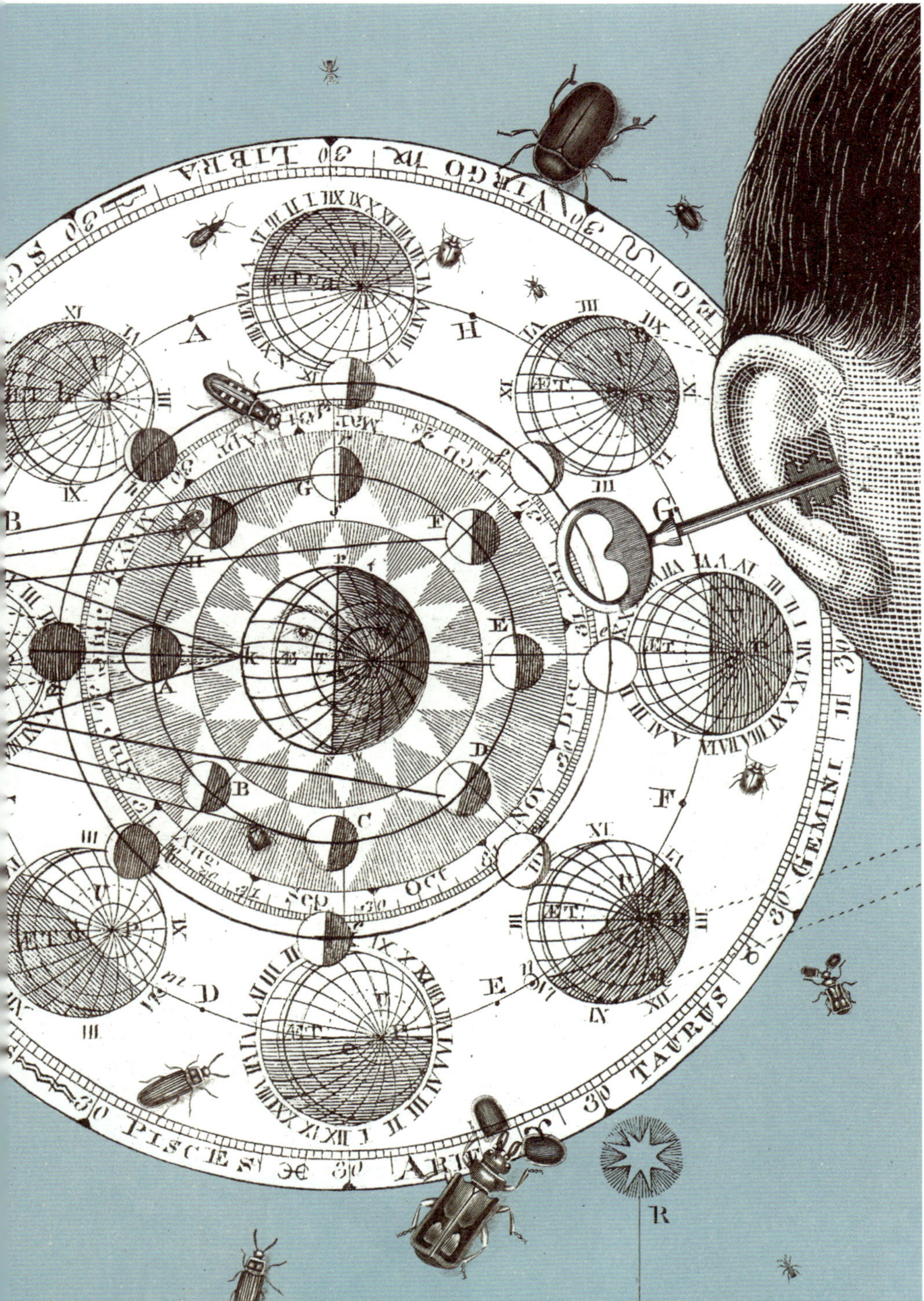
LIBRA
VIRGO
GEMINI
TAURUS
PISCES
Oct
Nov
Dec
R

目录
Contents

寻找创世密码

1.

对于女生来说任何跟节日沾边的日子都值得庆祝，甚至连清明节都不放过。

阿祖是一个“程序猿”，宁愿在家里写代码叫外卖也不喜欢跟女友逛街“过节”，但这次他竟然主动邀请女友小慧一起过节吃饭，而且抠门的他头一次那么大方选了一家高级餐厅，因为今天他准备跟小慧求婚，而且万一被拒绝了还能说被附身了，刚刚说的都是鬼话，别当真。

选完戒指后阿祖发现要迟到了，他拼命往餐厅跑去，眼看街的对面就是餐厅了，阿祖看着戒指盒深吸了口气，突然一声巨大的轰隆声响起，餐厅的玻璃破碎，火焰冒出……

一个星期过去，调查的结果是一场意外爆炸，但阿祖怎么也接受不了女友去世的事实。

又是一个酒醉后的夜晚，他行尸走肉般地徘徊在马路上，不远处传来狗的哀号声。走过去一看，原来是一条狗被缠在铁网里。阿祖蹲下来把铁丝绕开，成功解救了这条狗，可是当他救下这条狗时，他却傻眼了。

因为他昨晚也在这个地方救了一样的狗，而且狗的样子、铁网的位置、铁丝缠绕的方式，所有情况一模一样，仿佛就是时光重来一遍。

更让阿祖奇怪的是这条狗还是跟昨晚一样咬着他的裤腿仿佛要带他去哪儿似的，昨晚他没搭理，但今晚阿祖跟着狗往幽暗处走去。

狗带他去的地方是一处破败的古厝，里面有一方凹下去的天井。换作平时那么怕“鬼”的阿祖一定不敢进去，但是看到狗狗已经冲进去了，他也不得不进门。然而就是他迈进门的那一刹那，发现狗狗竟然在“天井”里消失了。

阿祖非常确定自己没有喝多看走眼，狗狗确实凭空消失。

阿祖满怀诧异，走过去看个究竟，也就在他踏入天井的那一瞬间脑子里忽然一阵眩晕，眼前一片光明，仿佛进入另外一个透明的世界。

这到底是怎么回事？

2.

完全找不到出口，眼前就像是一个宇宙无限空间一样，唯一区别就是飘荡在面前的如同极光一般的线条。

阿祖伸手触碰了一下这些线条，一瞬间眼前的空间就像出现一个三维屏幕，上面闪出很多画面，似乎在讲一个科幻故事，似乎是人类进化史，但是所呈现的内容跟“进化论”完全不一样，人类根本不是从猿人进化来的，而是……

创世史·第一篇：亿万年前一个来自外太空的创世团队用“阴阳”超二进制体系作为创世原理，同时编写“金、木、水、火、土”五种元素作为物质组成和演变的基础命令语言创造了地球。

随后创世团队启动“盘古计划”编写地球最基础的山川地貌。

“盘古计划”虽然开了天地，但地球表象很不稳定，于是创世团队又陆续启动多个方案，制造了鸿筠、混鲲、女娲、东皇太一等地球最早的操作系统，并根据创世者的模样生成远古人类。

所以这个时代出现了很多人兽结合的物种，并且早期程序极其不稳定，物种拥有各种神奇能力，成为神话里的英雄。

后来创世团队不断升级程序、修复BUG，最后淘汰了他们认为的失败产品，选择了“女娲”这套最为稳定的系统……

阿祖心想：也就是地球是一个操作系统，人是系统里创造出来的产品，神话里的英雄以及离奇事件都是这个程序的一个代码或者BUG，搞得跟打游戏似的。

阿祖认为这一定是谁在恶搞，骂了一句“神经病”。

转身就要逃离，但是哪里是出口呢？阿祖无头苍蝇似的乱撞，跑的过程中触碰到了飘荡在空中的线条，全身像是触碰到电流，脑子里闪过一个熟悉的词语——夸父。

阿祖还没搞清楚什么情况，疯狂挣脱开，不一会儿整个人倒在天井里。

又是寂静幽暗的夜空，刚才的奇遇仿佛是一场梦。

3.

一觉醒来，阿祖回到了公司上班，他知道人总是要向前看，也不好意思总拿着公司的“同情”一直休着带薪假。

关于昨晚的奇遇，他当然认为是神经病的恶搞。

到公司他就开始跟女客户对接软件开发项目，聊到最后女客户非常满意还开玩笑问：“阿祖你那么优秀一定有很多女孩子追吧？现在有女朋友没？”

原本只是一句欣赏的话却引得悲伤突然上头，阿祖莫名失去理智，扫掉了桌上的茶杯，吓得女客户尖叫起来。

阿祖回过神来发现自己失态了，连忙道歉，眼看女客户身上满是水，会议室刚好没纸巾。

他赶紧道歉出去拿纸巾，当他跑回来时发现女客户面带笑容，全身像是被烘干了一样完全看不到水渍。

女客户笑着说：“阿祖你那么优秀一定有很多女孩子追吧？现在有女朋友没？”

什么，她怎么重复说了刚才的话？

一问刚才的失态行为，女客户竟然什么都不记得。阿祖一阵莫名其妙，再看看手中，确实有纸巾啊，怎么一回事？

送走客户后阿祖反复思考着，女客户没必要变魔术说谎，也就是刚才“时光倒流”了。

可好好的怎么就时光倒流了呢？

他记得跑的时候似乎脑子里回荡一个叫“夸父”的词语，这有什么关系呢？

他知道夸父是传说中的人物，是个长跑冠军，放现在直接媲美闪电侠。

想到快，阿祖又想起爱因斯坦有一个推论：物体速度超过光速就能回到过去。

再加上昨晚的奇遇，把所有信息联系起来，阿祖一阵余悸，心想着：难道昨晚在里面的“触电”是把一种叫“夸父”的代码输入自己的身体，然后自己能超光速穿越时间？

天啊，他自己都不信这个神经兮兮的推断。

不过为了证明一下他还是把桌上的水杯扫到地上，看了下时间是11点01分，然后再快速跑了个来回。当他回到会议室时他愣住了，因为桌上的水杯在原来的位置摆着，时间是11点整。阿祖怎么也不敢相信自己能回到一分钟前！

惊喜过后他想到，时光是不是可以回到一周前拯救自己的女友呢？

想到这里他急忙冲出会议室赶到那个餐厅，但是当他跑出办公大楼时，一辆越野车毫无征兆撞向他……

阿祖飞快跳开，然而车子直接撞上了旁边的保安，他坐起来一阵恍惚，眼前的人生死未卜。

想到这里阿祖又启动“夸父”程序，飞跑回到一分钟前，他先跑过去把旁边的保安扑倒，结果越野车并没有撞过来，而是默默开过去，留下阿祖尴尬地看着地上的保安。

简单道歉后阿祖叫了快车继续赶往餐厅，偏偏北三环巨堵无比，都过了一个小时愣是没开出五百米，一问才知道前面出现车祸估计要等更久。

阿祖气得下车自己跑，可没走出几步上空忽然掉下一块钢筋混凝土，他警惕性高，又躲开了……

说也奇怪，他似乎感觉到一种神奇的东西在阻挡着他去餐厅，仿佛整个历史就像是一个程序，他是一个BUG，有股力量在修复他。

这个倒不是最重要的，只要能救下小慧，再大的困难他都不怕，只是他想到无论自己怎么跑，时间总是倒流一分钟，以这样的模式他跑死自己也回不到一星期前救下小慧。

有没有什么办法能像神话传说中的“夸父”一样日行千里?

4.

入夜，依然是被困的狗再次带他进入“透明空间”。这次他继续看着“创世团队”的秘密深入了解地球这个神奇的系统。

创世史·第二篇：“女娲1.0”操作系统不是很稳定，一些物种利用BUG成为无所不能的英雄，或者制造出超级武器。

而创世者把这些物种当作病毒，所以他们开发了杀毒软件清理这些病毒。神话里的炎黄与蚩尤之战，蚩尤所召唤的神话将领都是利用系统BUG生成的超级英雄，而炎黄请来的神话英雄其实都是创世团队开发的安全软件。

消灭病毒后世界稳定，但是杀毒软件却高于任何物种成为系统里潜伏的危险。

比如共工和祝融大战导致天裂，不仅破坏了系统稳定而且直接导致女娲这套程序瘫痪。

于是创世者利用“洪水”补丁进行系统重建，同时也放弃“创世计划”遗弃了地球……

看完后阿祖疑惑就更多了，难道地球和人类真的是外星人的一个实验品？

如果不是，他身上的“夸父”技能怎么解释？

而且神话传说确实夸父是一个日行千里的种族，换现代人的术语就是掌握“夸父”技术的一个部队。

“死马当活马医吧！”他自言自语说。

为了救小慧，阿祖选择相信并且找到了一开始往他身体里输入“夸父”程序的光线，他必须完整输入这套程序，才有可能回到一周前。

想到这里阿祖握住那条光线，随即就是一阵强烈的刺痛感，他尖叫了起来……

5.

真的是一周前！

气喘吁吁的阿祖看着手机上的日期，是清明节，他成功了。他看了下时间，还没到六点，也就是他现在打电话告诉小慧换家餐厅完全来得及。然而……

小慧的电话竟然是关机！

怎么可能？

他清楚记得当时几分钟前他们还在聊微信，难道又是“杀毒软件”在捣鬼？

想到这里阿祖提前下班跑到餐厅。小慧果然坐在那儿等着。

阿祖什么都没说冲过去一把抱住她，眼泪直接落了下来，搞得小慧一阵莫名其妙。

小慧问：“阿祖你没事吧？怎么哭了。”

阿祖回过神来，赶紧擦干泪水说：“没……没，刚才跑太快眼睛进了沙子。”

小慧说：“那我们坐下来点餐吧。”

阿祖连忙说：“不在这里吃，我们换一个地方。”

小慧：“为什么？你又要带我去吃‘沙料’啊？”

阿祖笑了笑说：“不是，这次来更高级的……‘兰料’。”

小慧无奈，当然，阿祖又补了一句说：“吃完带你去挑戒指，你随便选。”

这句话太有杀伤力了，小慧一听当场就酥了。

可当阿祖要拉着她过马路时却被小慧一把推开，他满脑疑惑怎么回事？

不过当他倒下的那一刹那他终于明白了，原来他身后一块悬挂在空中的广告牌直接荡着砸了过来，他被小慧推倒了，而这个广告牌砸向了她，鲜血喷出！

“不！”阿祖撕心裂肺地喊着。

不过简单悲伤后阿祖赶紧镇定起来，现在他身怀超级技能，只要再跑一次立马又能救下小慧。

他站了起来，但是忽然像是被什么绊了下又摔倒了，抬头一看，眼前站立着一个染着红色长发穿着红色衣服的奇怪男子。

“你想干吗？”阿祖喊着。

“杀你。”红衣男子说。

阿祖傻眼，“你是？”

“祝融。”

阿祖二话不说快速起身开始疯狂逃跑，因为创世史里提到祝融是最厉害的“杀毒软件”，只要系统里一出现像他这样的“病毒”，杀毒软件就会过来消灭他。

果不其然，拥有“夸父”技能的阿祖即便是超光速跑着但是祝融依然紧紧跟在后面，不时射来红色火焰消灭他。

怎么办？

他想到神话里“超级病毒”共工和“杀毒软件”祝融作战，一开始共工是大败祝融的，如果不是共工非得结冰就不会大败，要打败祝融就得用水！

于是阿祖飞快跑到消防车前直接拿着水枪喷向祝融，然而并没什么用，谁说祝融怕水，真坑爹……

几道火光射过来，他差点儿烧成为烤乳猪。

就在此时，他发现自己怎么也跑不快了，他能看到周围的人群在走动。

不好，他意识到自己可能失去了“夸父”技能。这下子死定了。

但奇怪的是祝融怎么没追上呢？

阿祖转身一看，背后并没有人。

他想明白了，当BUG被修复自己就不是病毒，那么杀毒软件就会消失。

但是自己如果不是BUG就没有“夸父”技能，就救不了小慧。

“不行！”

6.

再次来到“透明空间”阿祖似乎找不到更有效的方法，虽然他弄明白了每一个BUG里所产生的超级英雄，但也没有哪个超级英雄既能救下小慧，又能抵挡住“杀毒软件”。

阿祖继续看着创世史，原来后羿借用原来的系统BUG最早研发了虫洞程序移动八颗恒星，重新排列后创造了“太阳系”，后来“愚公移山”也是借用虫洞原理移走大山。

恒星都能移动，阿祖心生一计。

他利用虫洞技术把自己移到过去找小慧，这种瞬间移动祝融就找不到了吧？

正当他认为一切都得救时，忽然一道炽烈的光芒射过来，小慧下意识又把阿祖推倒，自己被这道光芒击晕。

此时，一个鸟蛇装饰的女子出现在阿祖面前。

阿祖看过创世史知道这是“女魃”，便二话不说抱起昏迷的小慧撕开空间瞬间转移。

女魃冷笑一声：“你以为这样就能逃跑？”

果不其然，无论自己到的是世界脊梁喜马拉雅山脉，还是冰冷无比的南极，女魃总会在下一秒出现在他们面前，而且二话不说就拔下一根羽毛，轻轻一吹立马射来一道强光。

阿祖知道女魃就是通过这个技能成功修复了风伯、雨师“呼风唤雨”BUG，随后炎黄大军成功打败蚩尤大军，稳定了最早的女娲系统。

如果她被射到，两个人都要死在这里了。

他抱着昏迷的小慧疯狂逃了三天三夜，她还是没醒来，自己也快没体力了，再这样下去他知道自己也会被耗死。

到底该怎么办？

他心想：也只有这个方法了！

就在他启动虫洞程序时被那道光击中了，小慧也从手中掉落……

7.

虫洞技能彻底消失了，小慧也不在身边生死未卜。

但万幸的是在最后一秒他进入虫洞里，来到了透明空间，也就是他还有机会。

但是另一个难题出来了，杀毒软件不断升级，而他要利用什么样的BUG找到哪些合适的漏洞才能抵挡杀毒软件呢?

他又开始了解创世史，原来风后所使用的“指南车”“八阵图”以及《山海经》里出现的神兽都是制造出来的超级武器或者防御装备。

远古人类并不懂这些超级科技，所以以传说的手法记录下来，并把这些超级武器说成了神兽。

经过深思熟虑最后，阿祖选择了三样超级武器：帝江、毕方、夔牛。

谁也没想到原来帝江竟是一架超时空飞船，由于它有四个飞翼六根稳定柱且能发出悦耳的声响，所以远古人类把它神化为能歌善舞的神兽。

夔牛是类似极光火炮的超级武器，发射炮弹声音巨响，所以远古人类说它声音如雷，再后来九天玄女升级夔牛，将它改造成能扰乱敌军神经的鼓。

而毕方是上手最快的火箭枪，发射时像是一支火鸟一样飞出，所以远古人类把它当只有一只脚的鸟记录下来。

女魃看到帝江飞船出现在眼前时先是愣了一下，直到毕方火箭发射过来后才晃过神。

阿祖抢占了先机，连发几枪直接把女魃打得退无可退，瞄准仪再次定位，这一枪相信她再也抵挡不住了吧。

“发射！”

再见吧，女魃！

眼看火箭就要打到女魃，只听一阵呼啸声，火箭顿时消失。

阿祖诧异，仔细一看，女魃身边站着一个火一般的英俊男子。

“祝融。”

阿祖又发射几支毕方火箭，但这些箭在火神祝融面前竟是如此徒劳。此时，女魃借机高高飞起，撒下漫天羽毛双手一挥就像雨滴一样往阿祖身上打过来。

阿祖曾被这种光打过一次，差点吐血身亡，这次是漫天光击，他不得粉身碎骨吗？

想到这里他知道死国的大门朝他打开着，而不远处的小慧还在昏迷着。

还没来得及跟心爱的女人求婚，阿祖咬着牙如此不甘心。

没救了吗？

不对，不是还有一个超级武器吗？

阿祖启动夔牛，一声震天雷，一道粗壮的光线直接冲破漫天雨击向女魃。

女魃怎么也没想到竟然有夔牛，猝不及防直接被击倒，全身重伤跌落下来，祝融眼看不妙飞上去抱住女魃瞬间逃脱。

阿祖长吐一口气，终于赶走他们了。

但是他没时间休息，因为小慧还昏迷不醒，他得赶紧带着她去医院。

帝江再次启动，阿祖定位最近的医院，按下启动键，开始瞬间移动。

轰！

帝江飞船并没有移动，而是困在原地，到底怎么回事？

系统提示：八阵图。

也就在此时，前面一个长发老者站在一辆战车上，衣袂翻飞，旁边是一队特种兵。

“风后？”阿祖诧异，难道他就是指南车和八阵图的创造者，所坐的车辆就是指南战车？

如果创世史讲的没错的话，八阵图是一套严密的防火墙程序，一经启动任何软件都无法运行，也就是说帝江、夔牛都处于死机状态，而指南战车是“五维空间”机，当年炎黄军队就是通过它穿梭时间和空间战胜蚩尤。

也就是即便阿祖侥幸启动帝江逃脱八阵图防火墙系统，也逃不了指南战车的追捕。

难道他注定要葬送在这儿吗？

怀中的小慧依然昏迷不醒，眼看风后的特种部队慢慢靠近……

8.

BUG！

对，既然远古时期的神话英雄都是利用系统的BUG创造神话，那么现在他是否也能利用BUG创造奇迹呢？

阿祖差点儿忘记自己是一个资深的“程序猿”了，于是他开始为帝江编写新的代码。而外面特种兵正疯狂扫射大门，按照这样的火力再硬的门也坚持不了多久吧？阿祖额头开始冒汗。

半个小时后帝江二代程序开始重装并进入倒计时，但是到了80%的时候，特种兵打开大门冲了进来，阿祖手无缚鸡之力，怎么办？

眼看他们步步逼近，千钧一发之际，他拿起毕方按了下去，一道火光射出打散特种兵。

原来八阵图只是困住了帝江、夔牛这些有操作程序，并不能阻止毕方这种手动使用的武器，阿祖庆幸。

但是不幸的是进来的特种兵越来越多，眼看帝江重启完毕，阿祖按下起飞键，偏偏此时一道弹光射向他的身体。

难道要命送这里吗？

就在此时一个身影挡在他前面，是小慧。

原来剧烈的震动惊醒了她，迷迷糊糊的她并不知道眼前发生了什么事只知道阿祖有危险，本能地从他怀里起来挡住子弹……

“不！”阿祖疯狂喊着，帝江飞船启动。

小慧中弹牺牲，显然医院是没用的，所以他再次去了“透明空间”，但是救人心切的他似乎忘记了一件事，指南战车可是“五维空间”，也就是风后能在原地轻易再次抓到他，甚至发现“透明空间”这个秘密……

透明空间内。

风后再次出现在他面前：“你逃不了了。”

说完他按下了一个按钮，八阵图突然遍布整个透明空间。

阿祖能清楚看到整个空间在慢慢被修复，逐渐消失。

如果连透明空间这个系统BUG都被修复了，阿祖将没有任何翻盘的机会，怎么办？

阿祖环顾四周努力想着方法，但是无论怎么寻找他依然找不到可以克制指南战车的超级武器。

眼看整个空间只剩下一个逼仄的角落，他能看到破败的古厝慢慢呈现出来。

千钧一发之际，阿祖忽然想到“以彼之道还施彼身”，既然找不到更厉害的超级武器，那么就用他的超级武器呢？

风后虽然厉害但是他没有战斗力，最关键他身边并没有士兵，于是阿祖想都没想直接扑到风后身上。

风后也是没反应过来，直接被一拳打倒，阿祖随即启动“指南车”的多维空间，直接穿越时空来到一周前的餐厅里。

9.

“阿祖，你怎么那么早到。”

阿祖转身，看到小慧走进餐厅，他笑了笑，忽然想哭，但是克制住自己，回了一句：“因为想你了”。

小慧会心一笑。

“那我们早点儿吃饭吧。”

“不，我想带你去一个地方。”

小慧纳闷，被阿祖拉着走出餐厅。

刚走出餐厅阿祖忽然想起什么，突然抱着小慧扑倒在地，随后是一声巨响。

广告牌是掉落下来，只不过并没有挂着绳子荡过来，而是直接掉落在他们前方十几米处。

一切有惊无险，但是当他拉着小慧起身时忽然看到一辆熟悉的车，对，是那辆越野车，千钧一发之际阿祖再次扑倒小慧。

而一旁的越野车默默开过，并没有任何异样。阿祖看着地上无辜的小慧，突然不知道怎么解释。

“我……刚才有点儿晃神，以为那辆车会撞过来，所以……”

“没事，谢谢你。”小慧说。

阿祖笑了笑，带着小慧去首体前的天桥，那曾是他们第一次相遇的地方，他想在那里跟她求婚。

而戒指他早准备好了，因为在之前的时空里他买好的戒指就一直放在身上，这也是“透明空间”送给他最后的礼物。一切的BUG都被修复了，他清楚感觉到自己的所有技能也消失了，系统也没有任何要消灭他的异常举动，一切都恢复了平静。

到了天桥下，阿祖告诉小慧一定要再现他们当年的相遇时的情景，所以他们两人分别从天桥两头上台阶然后在中间相遇。

阿祖一手紧紧握着戒指慢慢上了台阶，他在想小慧会不会被感动得哭出来呢？

当他上了天桥时没想到小慧竟然气喘吁吁出现在他面前。

“不是说好中间见吗？”

小慧没有回答，突然拉着他的手快速跑了起来，跑的过程中他似乎看到小慧的另一只手在身上按着什么，然后出现一些代码痕迹，然后他们的速度越来越快、越来越快……难道小慧也有特殊技能？

“小慧你停下来，到底怎么回事？”阿祖拉住小慧。

“我不知道怎么跟你解释，你一定要相信我，赶紧跟我逃走，要不然你就会被撞死。”小慧慌张地说着。

阿祖似乎听懂了什么，他问：“是不是我被撞死后你重复看到一条被困的狗，然后去救它？”

小慧点头，反问：“你怎么知道？”

阿祖恍然大悟，原来这是一个循环的故事，接下来小慧将循环救着自己，最关键她不懂代码，面对强大的杀毒软件她一定也会耗死自己。

阿祖清楚知道他们两个人只能选择一个，他把戒指放回口袋里，对小慧说：“小慧，你不要再救我了，好好活着，我爱你……”

说完阿祖扑向了车流……

后记——

创世史·终结篇：创世团队将地球实验放入黑洞里，几个新的实习生升级黑洞看到这个失败产品拿来练手进行简单维护。

他们继续升级了操作系统，拟用了“精卫填海”和“大禹治水”两套补救方案。

最后后者成功稳定地球，于是他们采用“人类操作系统”来管理地球并不断升级程序来修复BUG，自此所有英雄全部被清理。

偷走时间的人

1.

秋葵是一个摄影师，之所以叫秋葵这个名字是因为他从小喜欢吃秋葵，所以孤儿院的院长就给他取了这个名字。

是的，秋葵是一个孤儿，他寻找了很多年都没有任何父母的消息，唯一留下的线索就是依稀记得小时候的方言名字，翻译成普通话叫阿竹。

秋葵平时很喜欢收集胶片相机，那天他从网上相中一个二手的禄来胶片机，马上就下单买了。付完款后他才想起这个冲动下单的代价是要吃两个月的咸萝卜，不过秋葵依然不后悔，因为相机就是他的生命。

对于很多人来说，赚钱是为了买房子，而对于有些人来说赚钱是为了爱好，别人买房子住人，他们租的房子住的是爱好。秋葵就是后者，看着一个柜子的相机，梦想着把另外一个柜子也填满。

物流很快，收到禄来双反，秋葵马上拿起来把玩。

卖家特别提醒里面还有一个胶卷，是上个卖家留下来的，用了一大半还剩几张，应该还能用。

他想着反正自己可以洗胶片就把余下的几张拍完，一起洗出来看看，说不定还能看到意外的惊喜。如果再出现类似陈老师这样的爆炸娱乐新闻那就更有趣了。

禄来双反胶片机感光度不是特别好，除非室内有很强的打光否则拍出来会很模糊。秋葵当然知道这点，所以他拿着胶片机马上下楼拍风景。

不过它却有一个好处，因为整个机器看起来就像是一个铁盒子，而不是一个相机模样，所以你在马路边拍东西别人还以为你在搞什么土木测量根本不会在意，简直就是一个偷拍神器。

秋葵不会拿它来偷拍的，那么宝贝的东西他珍惜还来不及，所以他在老房子前蹲点，认真调好每一个细节，捕捉下每一瞬间。

胶片机有一个坏毛病，也是乐趣所在，那就是按下去就过去了，不能删除也不能修改，连看都不能，只能回忆，仿佛就是人生。

所以每一个胶片爱好者都非常珍惜每一次按快门的瞬间，秋葵拍不到十张的照片竟然用了一个下午。

回到房间后他开始洗照片，前面几张是上上个胶片机主人留下来的，秋葵特别仔细盯着，满怀期待，结果只是普通的风景照。

不过秋葵再仔细看了一遍发现并不是普通的风景照，好像是非常老的照片，可能距今有好几十年吧，难道这个胶片拍了好多年一直没洗出来？

他没多想继续看着自己下午拍的照片，也不知道那么多年的胶卷还能继续拍吗？

秋葵很开心，因为照片没问题，但是随着照片越来越清晰他的眉头却越皱越紧。

因为上面显示的内容竟然不是自己拍的……

2.

他一开始想是不是胶片早就拍完了，自己拍的几张根本没拍上呢？

毕竟照片的内容还是之前的景色，可是问题来了，机器是不会说谎的，胶片剩余几张明明是有显示的。

他赶紧联系了胶片机的卖家，结果卖家说自己也不知道，他是旧货市场淘来的，没用过也联系不上上一个卖家。

秋葵当然不相信有这样的“灵异”事件，于是又买了几卷胶卷继续拍照，结果还真灵异了。两卷胶卷洗出来的照片都是几十年前的景色，甚至有一张他都能准确看到上面的时间。

这一切到底怎么回事？难道这是一个能拍到过去的胶片机？

更灵异的是最后一张照片，上面显示的是一排文字：你是谁？

他吓了一跳：难道胶片机会说话？

秋葵当然不相信胶片机会说话。

可是他试了很多种方法拍了很多照片依然找不到答案，直到照片上不停出现文字他才意识到，难道这是一台时光胶片机？

想到这里他赶紧写了一张介绍自己的文字并且拍了下来，很快他洗照片终于得到回复。

看着照片上显示是1993年，落款人“素珠”。

他才知道自己拍的并不是几十年前的场景，而是跟二十年前的相机主人拍的东西对调了。

就像是读书时候交笔友一样，秋葵开始用胶片照片跟一个二十年前名叫素珠的女生交流。

通过一个胶片相机跟一个二十多年前的人通信，这得是多么不可思议的事情。他想过很多科学的定义来解答，也想过跟别人分享这份不可思议，但是想了想还是独自探索这个秘密，因为他是孤儿。

随着交流的深入，秋葵也说出了自己是孤儿一直在寻找自己的父母，但只记得简单的方言和自己的方言名字。

巧合的是素珠一看这个方言就判断是闽南方言，而她就是地道的闽南人，并且愿意帮他寻找名叫“阿竹”的小孩子。

这样秋葵很快就能找到自己的亲生父母了，想到这里他十分激动。

很快，素珠帮他找到了这个名叫阿竹的小男孩，是一个刚出生不久的小孩，也问了父母的名字。

拿着刚洗好的照片，看到自己父母的名字，秋葵百感交集，这是他第一次如此接近自己的身份，他迫不及待去搜索自己的父母。

现在互联网那么发达，他相信很快就能找到他们。果不其然，他找到了他们，却得到了一个他不愿知道的答案。

原来秋葵的父母死于一场车祸，然后还未长大的他就成了孤儿。

3.

秋葵一直以为是父母不要他抛弃了他，原来真正的原因是这样。

想到这里他不愿让这场悲剧发生，既然他现在可以穿越时空通信，他就一定能阻止这场车祸。

他把所有信息都写到纸上拍下来，但是问题来了，由于当时交通记录不是很完善，所以只有车祸的地点并不确定时间。

最让他们困惑的是那个地方在市里，秋葵父母一辈子都在小城镇里，怎么会在那么短的时间里去那么远的地方呢?

关于这个原因，秋葵束手无措，能帮他的只有素珠。

素珠是一名记者，她当然也不愿意看到这个悲剧发生，况且那么久的“通信”他们之间已经建立起来的某种情愫更是让她义不容辞，所以她答应了秋葵。

除了正常的收集新闻报道事件，素珠时刻观察阿竹的家庭。也正是因为她的时刻追踪才知道原来是因为阿竹得了很严重的疾病，必须要送到市区医院治疗，而阿竹的父母就是在去医院的路上出了车祸……

有了时光胶片机这场车祸肯定不会发生。

是的，很快秋葵就收到“来信”，上面清楚写到素珠阻止了这场车祸解救了他的父母。

但是他却觉得怪怪的，仔细一看发现上面的字体跟原来的不一样，难道“写信”的人不是素珠？

果然，下一张胶片洗出来说的就是这事。素珠阻止了那场车祸，但是不知道为什么车却毫无征兆地撞向她，根本没有合理的解释，就像是历史是一套程序，她是出现的BUG就必须被消灭似的。

而二十多年前的此刻，素珠已经在医院里昏迷不醒，传达消息给秋葵的是素珠的好朋友安国。安国也是报社的编辑，他知道这个秘密，素珠昏迷前交代他“写信”给秋葵。

救下父母却要牺牲素珠，这真是一个难两全的悲剧，秋葵充满了愧疚。

可是更让他不解的是，明明自己的父母已经被救下了，自己怎么还没有他们的印象呢？

这到底怎么回事？

他又去互联网寻找答案，然而得到的答案再一次让他震惊，因为不久后素珠就会被谋杀，而且杀人者是一个连环杀手，自己的母亲也会死于这场连环杀人案，再后来就是父亲变疯……

4.

难道历史真的就像是一辆坦克吗，不容前面有任何阻挡，再大的石块也改变不了方向吗？

秋葵绝不相信，他一定要改变一切他要救自己的父母也要救素珠。

他把所有查到的信息和自己的想法写了下来拍给安国，两个人跨时空达成合作一起追捕这个连环杀手。

时间只有三天，三天内他必须在当下找到杀人犯告诉安国，或者安国根据他提供的信息在二十多年前找到杀人犯。

否则素珠就要被谋杀，或者其他女性会被谋杀。

时间不等人，幸好秋葵还有其他可以帮助他的人。

那是他的大学女同学，也可以说是差点儿成为他女朋友的学妹，在警局里工作，所以秋葵快速联系她并把所有跨时空“通信”的事情和盘托出。

小学妹半天没缓过神来，反问了一句：“你是说你通过拍照在跟一个已经死去但是二十年前还活着的人通信交流？”

秋葵赶紧点头。

小学妹摸了摸秋葵的额头，又摸了摸自己的额头说了一句：“你没发烧啊？”

秋葵差点儿崩溃，只得把所有“通信”信息都交给她看。小学妹勉强相信，跟他细说了“连环杀人案”的所有信息。

但是由于早年的几个案件缺失很多线索和信息，警方迟迟找不到杀人犯的踪迹，但万幸的是随后的几个犯罪时间和地点都有明确记录。

也就是说秋葵把这些信息都提供给安国，就有可能在二十年前直接把杀人犯绳之以法。

然而一整天过去了，所有案件信息都没有变化，难道安国也出事了？

5.

直到第二天清晨胶片上才有新的信息。

安国并没有说服那个年代的公安协助逮捕凶手，他们都认为他是一个神经病。

所以安国独自去现场阻止命案发生，可偏偏路况不给力，汽车开到一半抛锚了。

命案在前，安国拼了，他下车开始狂奔终于在两个小时后到达废弃的工厂，然而看到眼前的一切他蒙了。

因为工厂空空如也。

难道秋葵提供的信息有误？

他又开始蹲点，一直到了晚上依然没有任何动静，凌晨回来才给秋葵“回信”。

警察局记录在案的不可能有差错，难道是被人篡改了，难道有内鬼？

秋葵想要快速找到答案，可是所剩的时间只有两天。

正当他无解时又收到安国的“来信”，工厂还是出现尸体了，到底怎么回事？

秋葵当然也想知道怎么回事，庆幸的是他还有另外一个爱好，那就是看推理小说。

综合所有信息他得出结论，工厂包括之前的犯罪现场并不是第一犯罪现场，每次杀人犯杀人后都转移了尸体。而当年的公安探案能力有限只能根据死者死亡时间来判断何时何地发生命案，所以才得出错误的信息。

很快，秋葵作为“协警”开始协助小学妹调查这个冷案。结合二十年前交通工具有限的情况，杀人犯不可能长途跋涉抛尸，除非像《白日焰火》这种肢解尸体再通过火车抛尸。

而且当年几乎没有轿车，公交、长途汽车几乎不可能像《落叶归根》带着乔装尸体行动，排除自行车、人力搬运这种非常醒目的运输方式，最便利的只有板车或者三轮车。这几乎明确了杀人犯的职业也极大缩短了行凶的有效范围，所谓的有效范围就是犯罪者作案的活动范围。

但是秋葵和小学妹跑了一趟所有案发地点都找不出任何痕迹，毕竟一切物是人非。

但幸好他们有胶片机，它可以带他们领略二十年前的所有线索。是的，安国把前几个犯罪现场都拍了下来。

秋葵找到了共同点——垃圾场。

此时，距离素珠被杀害还有半天，秋葵背上胶片机和警察一起飞快奔跑出去。

城中村，所有警力开始搜索。

秋葵走着走着忽然看到一辆破旧的垃圾三轮车，整个车身就像是一个大木箱，看着上面修补的痕迹估摸着也得有三十多年了。

没错，就是它。

眼看到了晚上素珠马上就要出事了，秋葵一时心急没等其他警察跟来马上奔上旁边废弃的小楼。

里面亮着昏黄的油灯却空无一人，前面逼仄的阳台开着门。

秋葵心想是不是嫌疑犯发现了他们从阳台逃跑了？

想到这里他赶紧追了出去，结果一看阳台下的空地竟然是一处比较陡峭的废弃工地。

嫌疑犯如果从这里跳下去不半死也残废，不可能从这里逃脱，难道？

秋葵忽然想到什么，赶紧转身跑开，然而……

一根棍子打在他身上，他来不及反应直接从栏杆上翻了下去。

6.

也许是下意识的行动，秋葵想撤离时手就握着胶片机，在摔下去的瞬间他按下了快门。

他想着虽然已进入傍晚，但是屋外明亮的灯光应该没问题，应该能拍下他，想到这里秋葵就放心地闭上了双眼……

而二十年前的另外一个平行世界。

安国已经说服了公安，而且早就准备好了药水来洗照片，公安也在医院内快速找到清理垃圾的嫌疑犯……

秋葵醒来，他躺在医院里，双脚不能动弹，但值得高兴的是小学妹告诉他连环杀人案告破，也就是他救下了母亲和素珠。

可……他怎么还没有父母的印象，这到底为什么？

住院期间他收到素珠的“来信”，她说她康复出院并且跟安国结婚了，而且她悄悄告诉他其实他们早就是恋人，因为家人反对偷偷谈恋爱，现在发现自己怀孕了，家人不得不同意他们的婚事。

小学妹帮秋葵联系上他的父母，可是得到一个更让他震惊的消息：阿竹在他们身边啊，他们并没有抛弃自己的孩子。

一开始小学妹还怀疑是不是抱错孩子了，可是一看阿竹跟他父亲的长相确实一模一样，他母亲生的又不是双胞胎，所以秋葵并不是阿竹，所以阿竹的父母也不是他的。

这……

7.

秋葵都快疯了，他找不到答案，为什么自己跑了一圈还是得到这样一个没有结局的答案。

这期间安国、素珠经常来信问候，他们说孩子很快出生，按照老家的辈分取名需要有一个“德”字，小孩子就叫“阿德”，希望秋葵能给他取一个全名。

另外一张照片是安国和素珠的结婚照，秋葵看着上面的照片觉得很熟悉，仿佛有一种多年后自己拍结婚照的感觉。

秋葵没有继续乱想，因为他得帮他们想小孩子的名字。

他想着取名字也得照顾到闽南话发音，否则会坑害了小孩。

阿德、阿德、阿德！

读着读着秋葵脸色突然发生了变化，因为他忽然想起闽南话“德”跟“竹”是一个发音，不会吧？

难道他们才是自己的父母？

秋葵突然想起很多事，脑海里那些浮现的往事就像是胶片电影一样一幕幕闪过，记忆里好像他找到了父母亲的消息，但却是可怕的记忆。母亲生他难产而死，父亲痛不欲生最后失足掉入河中去世……

好像今天就是母亲临盆的日子，他必须把这个事告诉爸妈，否则……

偏偏此时秋葵还躺在病床上无法动弹，而另一个平行世界素珠已经开始难受……

整个病房里没有人，小学妹此时在警局，赶过来的话也得一个多小时，秋葵按了呼叫铃半天没人应答。而另外一个平行世界，安国正在报社里编辑稿子，他似乎边工作边笑着，因为他很快就要成为父亲……

千钧一发之际，秋葵发疯似的从床上挣扎滚了下来，然后吃力地往前爬去，他要拿到纸笔，他要拿到胶片机……

平行世界的另外一端，安国组稿洗照片看到了秋葵的来信……

多年后的大海，夕阳下的海岸线就像是少女的脖颈一般优美细致。

有三个游客静静地坐在海边望着大海，望着来回飞翔的海鸥还有更远处被夕阳染红的云朵。

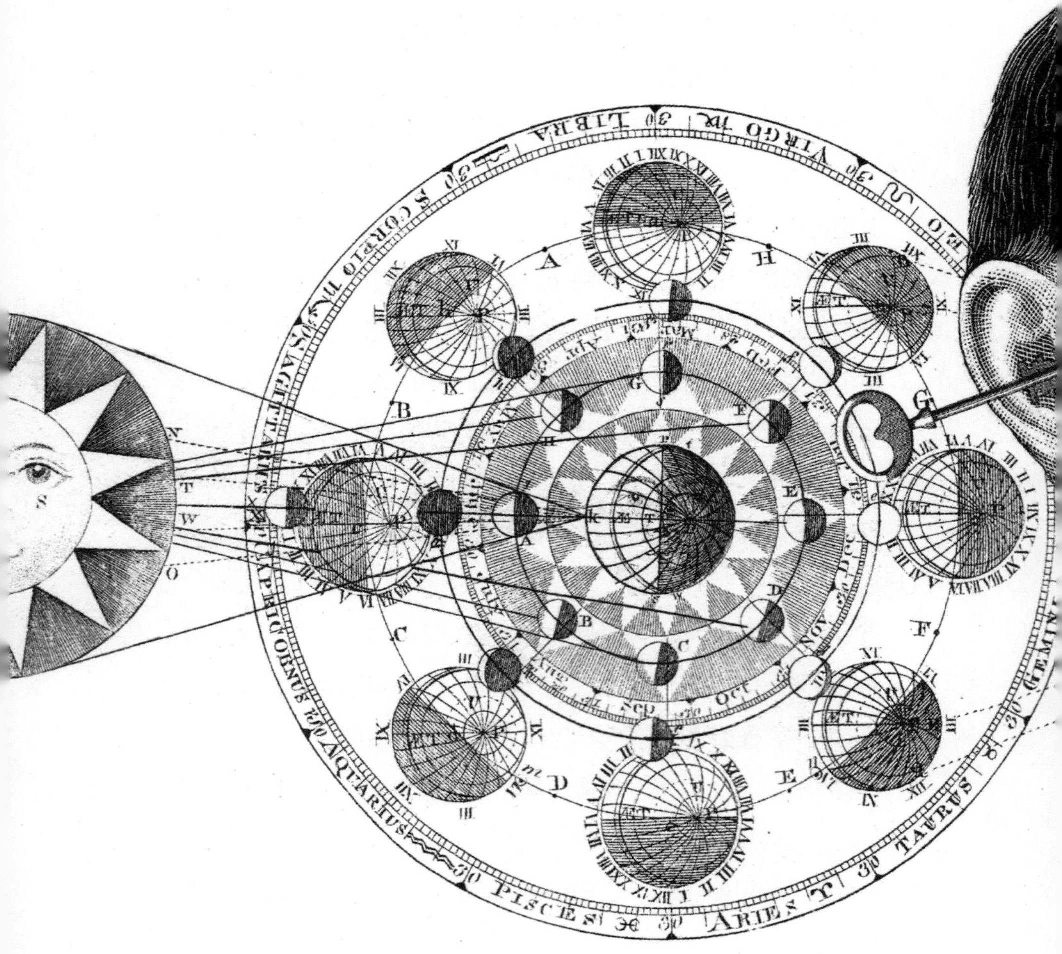
LIBRA
VIRGO
SCORPIO
SAGITTARIUS
CAPRICORNUS
AQUARIUS
PISCES
ARIES
TAURUS

中间的男子转头看了一眼左边双鬓斑白的母亲，又转头看了一眼眼角满是皱纹的父亲，他笑了笑，一脸幸福。

是的，这个男子就是秋葵，他的小名叫阿德，他的母亲叫素珠，他的父亲叫安国。

可是……他却坐在轮椅上。

原来那次为了拍照滚下床让折断的双脚再次负伤，最后完全致残无法恢复。

以双脚的代价换回父母永远留在自己身边，这个交换，对他来说，值得。

少年降妖录

1.

我从小在老宅里长大，就是南方那种中间是祠堂，两旁是几进几出的古厝。

奶奶说这老宅已经有几百年历史，是祖上入朝为官时所建，祠堂内还有皇帝御封的“荣封”牌匾。

古厝传到现在成了陈旧的老宅，大部分的族亲搬出在外买房，古厝年久失修快“残垣败落”，一到晚上除了寥寥无几的灯火、打闹的小孩子们还有唧唧叫的老鼠声外，杳无声息。

那晚我们几个小伙伴如往常一样玩捉迷藏，我靠着墙闭上双眼数着倒计时：十、九、八……

喊到五的时已经听不到小伙伴们的动静，我心想着这次他们怎么躲那么快，喊完后我便去找他们。

也不知道是不是最近祠堂举办祭礼，烧香、烧金纸、放鞭炮，让晚上的雾气特别重，我找了一圈竟然没有发现他们的踪迹。

真是奇怪，难不成他们都躲到祠堂的房梁上？

想着我抬头看去，果然有一个小伙伴趴在房梁上，但是他身上披着的是蓑衣吗？我猜想他可能为了躲藏才故意盖着蓑衣，便没细想，只顾兴奋喊着：抓到你啦。

小伙伴转头看向我，那一瞬间我彻底傻掉了，竟然是一张猿类的面孔。

我想要喊救命却发现自己发不了声，想要转身逃跑却怎么也动弹不了，这到底怎么回事？

就在此时，那猿类跳下房梁，张开满是獠牙的嘴扑向我。

救命！

我惊醒，原来是一场梦。

一旁的奶奶被我喊醒，她问：怎么了，做噩梦了？

我跟奶奶讲了整个过程，奶奶问：它的耳朵是什么颜色呢？

我想了一下说：好像是白色。

奶奶笑了笑说：那是“狌狌”，是上古时期的野兽，能通晓过去的事情，它不会害人，可能是要告诉你什么事，结果你被吓醒了。

奶奶看我脸色苍白，带着我下床站在门后，握着我的手，合十，对着门后拜了拜。

奶奶嘴中还念道：保佑、保佑……

我问：阿嬷，这是干吗？

奶奶说：这是求祖师公保佑你，以后你遇到什么害怕的事就双手合十拜一拜，神明就会保佑你。

我将信将疑地上床继续睡觉。

后来我逐渐淡忘了这个噩梦，到了暑假，大热天我和小伙伴们去东溪学游泳。

学到一半小伙伴们都游到上游去了，留下我一个人在中间学着。一死党远远喊着多喝几口水就会了。

我信了，于是继续扑腾，继续喝着水。长大后忽然觉得这话也能列入十大谎言，跟“晚上我们只聊天，什么都不做”一样坑爹。

几个小时过去，眼看他们游得那么溜我还没学会，一气之下猛地扎进水里。果不其然，我又呛了一口水，正当我要奋力站起来时发现我脚够不到底，这溪很浅，不可能啊。

正当我纳闷儿时，脚像是被什么东西抓住了，连忙回头一看，吓死宝宝了！

只见一条貌如小狗的怪物抓住我的脚，它双眼赤红，全身骨瘦如柴。

难道是水狗？

此时，水狗张开口，那一瞬间嘴里流出黄色的脓液，差点儿把我恶心死。我还没吐出来就看见水狗往我的脚底咬来。

小时候听大人说水狗把人拉下水后会在脚底咬个口子，吸尽鲜血，然后浮尸水面。

想到这里我疯狂扑腾着，但怎么也逃脱不了，没想到它竟然有那么大的力量，而我在水里根本喊不了，反而又呛了几口水，眼看就要憋死了。难道一个基因优秀的美少男就以这样搞笑的方式挂掉？以后我的子孙是不是就从此抬不起头了？不对，我都还没开始传播花种还没娶老婆呢。

老天并没有给我那么多思考的时间，挂掉的瞬间我迷迷糊糊看到一条鱼的尾巴，是青绿色。

2.

再次清醒我已经在岸边，小伙伴们围着我嘲笑着那么浅的水我还能溺水。

我没跟他们解释什么，匆忙回家第一时间告诉奶奶这次遭遇。

奶奶说：一定是清水祖师公派鲛人救了你。

后来爸爸知道我去东溪里游泳，拿着油甘树枝抽打我，我连忙绕着八仙桌躲着。

爸爸骂着：叫你去溪里游泳，看我不打死你。

我反驳说：打死我你就没有儿子了，就绝后了。

爸爸说：你不是还有一个弟弟吗？

我一想，对哦，我还有个弟弟。

想到这儿我一下子怂了，连忙说：爸，你当我没说，下次我再也不敢了。

认错后爸爸也就没继续打我，然后我把遭遇还有奶奶的解释跟他复述了一遍。

爸爸笑了笑说：你一定是踩到东溪里的沙洞，然后又被水草绊倒，慌张又是溺水窒息，所以脑子会产生很多幻觉。你阿嬷是老人家，比较封建迷信，你要相信科学。

听完觉得爸爸更有说服力，毕竟我是吃马列主义马铃薯长大的。

在我的童年，最开心的事莫过于吃完雪糕后和小伙伴们在月色下的戏台旁来回扒对方的裤子。

一年一度的佛生日终于来临，祠堂前的戏台要连演三天高甲戏和布袋戏，锣鼓声一敲响我们便开始追逐。

几回合下来，我硕果累累，为了防止菊花曝晒，我赶紧跑到祠堂的后门躲着大家。住过古宅的人都了解，一般前门热闹歌舞升平，后门就特别冷清。

果不其然，我在后门待了十几分钟小伙伴们都没找到，我眯着眯着正要打盹，忽然被一阵嬉笑声吵醒。

糟糕，小伙伴们找来了。

我赶紧站起来要开跑，然而出现在我眼前的并不是小伙伴们，而是一排漂浮在半空中的纸人！跟丧礼上烧的纸人一模一样。

我吓傻了，赶紧开跑，没想到纸人精竟然围住我，然后飞快往我身上贴来。被近身的那一瞬间我意识逐渐模糊，感觉身体开始不属于自己，难道这就是老人们说的“纸人上身”吗？

天啊，难道我又这样英年早逝了，想来真是对不起我爱的祖国，更是对不起指着我传宗接代的列祖列宗。不对，我还有个弟弟，他也有这功能……

就在此时，一道光箭出现在我眼前，随即是纸人的尖叫声，只见中箭的纸人精在半空中烧成灰烬。

我再仔细一看，原来是一个穿着青色衣裳的漂亮小女孩救了我。

看着她的衣服我仿佛想起了前阵子在水里救我的那条青鱼儿，当时我看得不是特别清楚，难道也是她？

我还没回想清楚，只见青衣女孩三四箭就把所有纸人精消灭。

获救后我跑过去拉着她的手表示感谢。

小女孩甩开我的手说：你没嘴吗？别动手动脚。

哦！我回应完凑过去亲了一下她。小女孩一巴掌打过来，骂着：小流氓。

我委屈地说：你不是说用嘴吗？

小女孩气得半死。唉，想来我也太实在了，一直都是少年先锋队员种子人选，真不是从小就爱占女孩子便宜的小流氓。

解开误会，我们聊了起来，小女孩名叫小娟。

我好奇地问为什么纸人精敢在佛生日的时候出现？小娟说她正在调查。就在此时，有一只鸟停在了祠堂的燕尾飞檐上。

我正纳闷儿这鸟怎么只有一条腿时小娟已经引箭要射去，我连忙推开她。

小鸟受到惊吓飞跑了，让我更加惊讶的是这小鸟不光只有一条腿，竟然也只有一个翅膀，最奇怪的是一个翅膀也能飞！

小娟气冲冲地朝我吼着：你干吗？

我说：那小鸟的翅膀和腿都让人撸串去了，你就不要再伤害它了。

你懂什么!

小娟抓起我的领口又要给我一巴掌。

但是这巴掌怎么也没打过来，而小娟的面孔忽然开始张出皱纹，头发开始变白，然后变成一张熟悉的面孔。

什么？小娟怎么变成奶奶的模样？

不对，此时出现在我眼前的就是奶奶，原来刚才是一场梦。

奶奶关切地问：阿孙，你怎么在这里睡着了？

随后我又跟奶奶说了梦里的遭遇，奶奶说那是上古异兽“毕方”，是火灾之兆，它到哪儿，哪儿就有火灾。

但那毕竟是梦，过了几天我也就没太当回事。

3.

然而让我没想到的是半个月后祠堂真的被火烧了，家谱、祖宗牌位、牌匾都毁于一旦。

我吓坏了，跑去问奶奶：阿嬷你为什么知道那么多？

奶奶说：阿公年轻时候是降妖师，我跟着他耳濡墨染就懂了点儿。

随后奶奶又说我之所以做那么多梦可能是神明托梦，隔天就带着我去庙里“掷筊”。

所谓的“掷筊”是通过一对半月形的木片和神明交流，中华古老的问卜仪式，我掷一把两个木片都是平面朝上，意思是“笑筊”。

奶奶说以后我要保护祠堂、保护宗族、保护家园……我不明白什么意思，奶奶说这是祖师公的意思。说完把一个“符囊”挂我脖子上，我仔细看了一下，还挺丑的。

后来我听得神乎奇乎就去问爸爸。爸爸说我阿公只是一个平时喜欢读《道德经》的道家信仰者而已，平时给人祈福，根本没什么所谓的降妖除魔，别封建迷信。而“掷筊”就更别信，概率问题，投掷几次总有一次是对的。

于是我问最后一个问题，就是我要不要保护家园?

爸爸打了一下我的屁股，然后说：你先保护好你自己不被我打再说。

被爸爸一打我觉得他说的好像是对的，我先保护好自己不被打再说吧。

但我还是有挥不去的种种困惑，决定去探个究竟。

午后，我来到祠堂，火灾后祠堂被毁了一半，我躺在后门不远处的草地上想着这些日子发生的一切，不知不觉便睡着了。

一袭青衣飘过，我又见到小娟。这次她站在祠堂的废墟上跟一只白色的九尾狐战斗着，两三回合后她竟然被打飞。

之前都是小娟救我，这次我得过去帮忙，想到这里我拿起江湖失传已久的终极武器“要你命三千”，通俗讲就是板砖。我拿着板砖冲过去拼命，还没靠近九尾狐时忽然看到它喷出一阵烟雾，这气味怪怪的，好像是小时候拉肚子时的气味!

我还没来得及捂住鼻子忽然看到小娟含情脉脉朝我走来，然后不停朝我抛媚眼，我傻了，这是什么情况?

我连忙说：小娟，你这是干吗？光天化日之下你可别乱来，我会喊的。

小娟没有答话，手搭在我肩膀上朝我亲来。

我吓傻了，说：别，小娟，我们还是孩子，我爸知道会打死我的。

但是小娟依然没有停止，眼看我的初吻就要光荣入伍了。

就在此时，我忽然听到小娟从其他地方传来的喊声：散去！

一道黄色的符咒在我面前燃烧，符上面似乎写着“勅令”“太上老君”什么的。眼前的小娟变成九尾狐，它正张开满是黏稠液体的嘴亲我。

我靠，这一嘴下来我岂不是一天刷十次牙，想到这儿我一个板砖拍过去。小娟也借机拉着我跑开，边跑边说：幸好我救得及时，要是真亲了你就成他的男宠了。

我一听吓傻了。小娟又问：但是你怎么那么容易上当呢？它是变成哪个美女了。

我嘿嘿一笑说：是变成很香的猪头肉，我禁不住要过去咬一口。

小娟将信将疑哦了一声又转身跟九尾狐战斗，当然，我也没闲着，拿着要你命三千侧面协助着。于是在我的帮忙下小娟逐渐落了下风，为了保护我多次被打飞。

眼看我们就彻底输了，小娟忽然站起来指捏结印，口中念咒语，前面一串什么斩妖除魔咒我没听太懂，反正最后“急急如律令”我比较耳熟。

小娟刚念完只见几把光剑凭空而出，九尾狐一看立马掉头就跑，光剑像是安上了跟踪器一样，飞快追上去，几个来回便把九尾狐斩杀。

我兴奋地说：原来你还藏着这个技能啊，干吗不早用。

小娟笑了笑没回答，后来我才知道使这种法术是会折阳寿的。

此时，小娟忽然筋疲力尽摊在我身上，我问：没事吧。

她摇了摇头，我正要扶她休息时忽然听到如同婴儿厉叫的声音，转头一看，竟然是只巨大的羊，不对，好像是有着人面，还有大虎牙，这是什么妖怪？

小娟忽然着急喊着：是饕餮，你快跑。

话一落饕餮就飞快朝我们奔来，我猜它的时速有一百迈吧，我怎么跑得过。

于是我说：不，我挡着，你先跑。

小娟快气炸了，忽然一脚朝着我屁股踢来。

我大喊着：你踢我干吗？

……

不回去复习功课躺这里干吗？

怎么是父亲的声音，我睁开眼仔细一看，原来是父亲一脚把我踢醒，我没跟他多说连忙跑去找奶奶。

奶奶迟疑了一下说：原来所有妖怪都是饕餮带来的。

我又问：为什么饕餮要来我们这儿呢？

奶奶叹息说：这几十年乡亲们都贪图利益变得自私、贪得无厌，所以就引来饕餮，唉，原来祠堂是毁在大家手里，造孽啊。

后来，爸爸负责组织乡亲重建祠堂，但无论怎么开会也说服不了大家，怎么也凑不齐钱。

我问奶奶祠堂什么时候修好？奶奶说得把饕餮都赶走，要不修不好。然后奶奶又让我保护宗族保护祠堂。

我说：阿嫲，我怕。

奶奶说：阿孙你不是一直想成为英雄吗？

我说：是啊。

奶奶说：要成为英雄就别怕，英雄都是很勇敢的。

我又说：可是阿嫲我真的很害怕妖怪，我连做梦都怕。

奶奶说：阿孙别怕，以后不管遇到什么困难，只要双手合十默念，心存正气，老天就会赐给你勇敢的力量，战胜一切恐惧。

我将信将疑地点了点头。

4.

后来村里发大水，听阿林伯伯说他看到长着翅膀的鱼飞过水面，而我的一个小伙伴还被大水吞没，救起来时全身干瘪，脚底开着两个口子。

吓得我这几天都躲在被窝里，我问奶奶为什么会下暴雨会发大水？

奶奶说：祠堂被烧了，天井里的嬴鱼跑出来了。

我又问：什么是嬴鱼？

奶奶说：古书记载，嬴鱼生长在邽山的洋水里，有双翼，一旦在哪里出现，哪里就要发大水。

饭后我又跑去跟爸爸核实，爸爸说：你阿嬷《山海经》的神话听多了，当她讲故事就行。闽南是沿海，哪一年不刮台风不发大水的，只不过今年特别大而已。我小时候也遇见过这样的大水，那时候祠堂也在，怎么不说没封印呢？

我反驳说：可是阿林伯伯说他看到长着翅膀的鱼。

爸爸拍了下我的脑袋说：没文化真可怕，这世界上本来就有飞鱼，也有可能发大水从海洋带过来的。

入夜，我带着这些疑惑枕着雨声入睡。

梦里果然又见到小娟，她站在水面上引箭射杀飞蹿的嬴鱼。我本有一颗英雄救美的心，奈何我不会游泳更没有铁掌水上漂的技能，于是就在一旁看着。每当弓箭穿过嬴鱼的身体时我都在想，怎么那么像在串烤鱼肉呢？如果拿过来烤一烤一定很好吃吧。

我看小娟跟玩射击游戏一样轻松就跟她聊天，她说：祠堂被烧毁嬴鱼才跑出来作怪。

我纳闷儿：这有关系吗？

她说：三十多年前我把嬴鱼封印在祠堂的“天井”里。

我吓了一跳：你三十多年前？拉倒吧，你才多大。

小娟忙解释：说快了，是我师傅封印的。

三十多年前？难道是爸爸年少时看到的那次大水，然后嬴鱼被封印就再也没发过大水？想到这儿我一阵寒战。

然而我还没弄明白时，一双小手忽然抓住我的腿，我低头一看。

妈呀！竟然是双眼赤红的水狗！

听奶奶提过水狗在水中力大无穷，但是上岸了就疲软，于是我拿起“要你命三千”狠狠地往它头上拍了一下。它一晕就奋力把它拽上岸，再继续用“要你命三千”拍烂它脑袋。KO，完胜！

好吧，上述战斗仅存在想象里，因为我身边并没有“要你命三千”，而且我还没来得及逃跑已被水狗拉入水里，最关键的是水里还有一大群水狗，而此刻的小娟正在串烤鱼，这次我恐怕在劫难逃了吧？唉，英年早逝，史书该如何记载我？游泳溺亡？吃烤鱼掉水里被狗吃了？

就在此时，我忽然听到奶奶的话：阿孙别怕、阿孙别怕……

我赶紧双手合十，口中念着：佛祖保佑、上帝保佑、阿拉保佑、各种神明保佑……

天啊，我在念什么，但是奶奶也没告诉我要念什么啊？此时我脚底忽然一阵疼痛，竟然被水狗咬到了，它怎么就不嫌弃我三天没洗脚脚臭呢？

妖孽，散！

还是熟悉的声音，一道符咒在水中燃烧，随即是几道闪电打向水狗，中者化为灰烬，剩下的水狗纷纷逃窜。

还是小娟救了我，唉，每次总让女孩子救以后怎么跟小伙伴吹牛讲我的英雄故事。

上岸后我说：小娟，别让它们逃了，我的小伙伴就是被它们害死的。

小娟说：它们藏在水里不出来，我没法找到它们。

我问：那怎么办？

小娟迟疑了一下说：也许只有古闽越时期的“降妖伏魔七响阵”才能震杀它们。

我又问：“降妖伏魔七响阵”是什么？

阿娟还没来得及回答我就被爸爸叫醒了，因为大水已经退去，我又得去上学。

我问了奶奶，奶奶也没听说过，后来无论我何时睡觉再也碰不到小娟。最让我着急的是这阵子接连好几个人溺水，如果都是小孩学游泳还好解释，关键还有很多大人，而他们只是去东溪打水、洗衣服都能掉进去淹死。

后来到了“天香”春祭仪式。

天香始于宋朝，分为摆坛祭拜、添香、投符、赞诞、巡境。境内乡民抬着庙里的神明按高官出巡规格各地踩街，祈求国泰民安。

而这次天香，乡民们都希望抬着神明“巡境”驱赶水狗祈求平安。

作为远近闻名的熊孩子，我当然也免不了加入“踩街”队伍，大多数小伙伴举着旗帜跟着队伍，由于我掌握特殊技能——敲锣，于是非常荣幸走在队伍最前面敲锣引领轿夫抬着神明到各家各户赐福。

踩街队伍里除了举旗、拿香的乡民外，还有清一色古装的兵马、古乐队、南音队、炮火队、拍胸舞队。

看到“拍胸舞”的队伍时我忽然愣了，七个光着上身的男子头绑草绳，在胸口拍打七下，同时双脚配合，身体左右晃动，如此循环往复，特别像是一个阵法，难道这就是小娟口中的“降妖除魔七响阵”？

想到这里我连忙敲着手中的铜锣，然后口中大喊着“进哦”冲向东溪。

抬神明的轿夫不明所以但听到“进哦”就跟着大喊“进哦”冲了过去，跟在后面的拍胸舞表演者也不得不在水里跳着。大冷天的，还光着身子，真为难他们了。

随后我闭上双眼双手合十祈求神明保佑，当我睁开眼便看到七人围成一圈，手拍打胸口七响，脚踩盛莲，头上草绳聚光冲天，随后以七人为圆心，法光四射，只听一阵惨叫声，无数只水狗被震出水面随即被圣光射杀……

妖秀，你跑水里干吗？

族长的骂声忽然把我拉回现实，拍胸舞的表演者们在水里冻得嘴唇发紫……

5.

后来奶奶查阅爷爷留下来的《山海御龙录》终于得到答案，拍胸舞是古闽越时期的降妖除魔阵法，众降妖师头绑驱魔绳光着身子拍打至阳胸口七下，配合莲花法步以纯阳之气震杀四方妖孽。

听到这里，我兴奋地去跟那群“降妖师”说：叔叔你们是英雄，谢谢你们。

他们愣了，感慨地说自己跳的只是“乞丐舞”而已，一年跳一次怀念一下传统文化而已，不算什么英雄，也不知道这拍胸舞还能传承多久。

从古闽越时期就有的非物质民俗文化难道真的要消亡吗？

想到这里我找爸爸说想学拍胸舞，爸爸直接骂我怪力乱神，让我别瞎想好好读书。

为了防止挨打，我心领神会说：懂了爸爸，我还有一个弟弟，我会努力读书，学好四项基本原则，坚守计划生育这项基本国策。

爸爸打断：别跟我提计划生育，我就是因为多生了你才被开除公职，要不我现在就是银行行长。

我反驳说：是因为多生了我弟弟吧？

爸爸说：反正你跟你弟弟都一样。

我说：但是我比我弟弟早生啊。

爸爸说：对，早生，要是头胎是女的，就可以生第二胎，所以都是你的错，你怎么就不是女的。

我傻了，说：生男生女好像不是由我决定的，是由您决定的吧。

啪！爸爸一巴掌打来。

几年过去了，无论爸爸怎么努力，祠堂还是重建不了，而且据说这一片要拆迁重建。我们联合住在古厝的乡亲和开发商斗争，但势单力薄根本挡不住，后来奶奶也被他们气得中风卧病在床。

听爸爸无意间提到要是祠堂在，全境乡民的祖先牌位都在里面，族谱也在里面，全宗族的人都会团结起来不让祖先受到“侮辱”，就没人敢欺负我们，可惜祖宅早被烧掉了。

我随即想到奶奶之前说的要重建祠堂就必须消灭饕餮，于是跑去床边问她。

没想到奶奶却说：消灭不了，饕餮是大家孽障形成的，祠堂被烧是神明和祖先对大家的惩罚。

我说：你不是说过双手合十默念，心存正气，神明就会赐给我无限力量去战胜邪恶吗？

奶奶笑了笑说：是啊，但是光有你是不够的，如果每个人能做到抬头三尺有神明，那么任何妖魔鬼怪都不敢来。

随后奶奶又说：过阵子就是普度了，普度是道教中元节和佛教盂兰盆会融合成的民俗节日，到时候邪气冲天饕餮成精，谁也赶不走饕餮了。

随后的日子，开发商逼迫得特别紧，奶奶的病情也越来越严重。

到了普度前一天晚上，我又来到奶奶床前说：阿嬷，你教教我，我想去试试。

奶奶闭着眼摇了摇头不同意，我继续说：无论有多少困难，只要我双手合十，心存正气，神明就会赐给我无限勇气和力量去战胜一切邪恶。

听到这里奶奶忽然掉下眼泪，然后睁开双眼看着我。

我问：奶奶你怎么了？

奶奶说：没事，你打开衣柜，最上面一层有个木盒，里面有一把金钱剑和一本《山海御龙录》，都是你的，你带走吧。

我的？

我愣了一下，不过一听到金钱剑我仿佛想起林正英大师手握宝剑降妖除魔的英雄画面。

当我打开木盒看到金钱剑时我傻了，竟然是一把比手掌还小的玩具似的小剑。

不过为了不让奶奶失望，我提着这把玩具剑，不对，是金钱宝剑去了祠堂，坐在地上边看《山海御龙录》边等着。

工夫不负有心人，到了凌晨饕餮终于出现，也不知道这金钱剑是不是有机关，变魔术似的听到饕餮的婴儿啼叫声就变大了，看来是天助我也。

虽然小娟不在，我也顾不了那么多了，为了以后能跟子孙吹点儿牛，我就算一个人也要冲过去跟它拼命。

果不其然，不到三回合，我被饕餮打得遍体鳞伤毫无还手之力。

于是我使尽全身力量，狂吼着：你这死羊巴羔子，当心爷爷我把你剁了切碎，串成羊肉串烤了吃。

没想到饕餮竟然开口说：死到临头还嘴硬。

我笑了笑：原来你小子会说话啊。

饕餮没有答复我，又是狂奔向我，看着它锋利而巨大的“羊角”，我想我应该会被它串成人肉串吧？

就在此时，还是一支熟悉的箭射向饕餮救了我，关键时刻还是小娟及时出现，不过箭好像无法伤到饕餮。

于是美女和野兽，不对，是美女和英雄开始并肩作战。

我学着降妖伏魔七响阵的莲花法步和《山海御龙录》里的御剑诀，驾驭着金钱剑和饕餮战斗着。小娟见我废柴逆袭便打配合，一旁手捏结印引来天雷伺候着。

果不其然，饕餮相当惧怕，不过奈何它皮厚被天雷打了几次都没被烤焦，而且相当生猛几次用羊角把我的剑挑飞，于是十几回合下来，我还是被打得屁滚尿流。

眼看饕餮的羊角对着我再次狂奔而来，妈蛋，如果给我一块红布我就是斗牛士了。

但老天不会跟我开这个玩笑，因为饕餮的速度太快我根本躲不了，我在想我会不会死在自己的梦里?

就在此时我忽然被一股力量推开，然后是小娟飞了起来。鲜血染红了她的青色衣裳，她转头看着我，露出淡淡的微笑，这笑容仿佛是我前世的记忆，熟悉得让我想哭泣。

我跑过去抱着小娟痛哭流涕：小娟，你怎么那么傻。

小娟摸着我的脸说：能再次遇见你，我已知足。

我不明白她的意思，只是抱着她哭。

饕餮又狂奔过来刺向我们，小娟忽然握着我的手，我们一起双手合十默念保佑，我胸口上的符锦囊忽然发光。

此时，我忽然看到一个黑脸师公骑着青色的麒麟乘雷划空而出。

阿娟虚弱地说：是清水祖师，他请来神兽水麒麟帮忙，我们有救了。

饕餮一看立马警惕起来，怒吼着燃起九天玄火，火漫半边天，另一旁的水麒麟从容淡定驭起千寻雪水抵御，而漂浮半空的祖师公手挥拂尘引动星辰困兽之力，终于把饕餮封印起来。

收服饕餮后他们招呼都没打，连加个微信改天约饭都没有就消失了，唉。

小娟奄奄一息说：阿强，如果哪天，你听到有人对你喊着——喂，小子，你长那么帅你女朋友知道吗？那就是我。

说完小娟闭上双眼，我抱着她狂哭大喊着：我本来就很帅，你睁开眼睛看看啊！

6.

再次醒来是七天后，奶奶在普度那天去世，我连她最后一面都没见到，这成了我此生最遗憾的事。

后来我从阿林伯伯那得知爷爷是年轻的时候积劳成疾得了肺痨，赶集回来在祠堂旁吐血身亡。

随后他又告诉我奶奶的乳名竟然叫小娟！

难道出现在我梦里的那个小女孩就是奶奶？怎么可能？

也有可能，小娟似乎提到过三十多年前封印过赢鱼，还说很高兴再次遇见我，这些都是蜘蛛马迹。难道奶奶之所以去世是因为从饕餮那里救了我？

于是我赶紧去翻《山海御龙录》，里面记载了古闽越时期的盗梦之术，盗梦师以盗梦八方盒为媒介潜入别人梦境进而造梦、猎梦、嗜梦……相传魏征便是盗梦之术的集大成者，与李世民下棋时伏案酣睡，梦斩杀金角老龙。

难道这一切都是真的？想到这里我突然泪流满面。

后来爸爸终于找到祠堂被烧的证据移交警局处理，原来罪魁祸首就是开发商，他们的目的就是把古厝拆掉建成商品房。

再后来爸爸终于筹得资金顺利组织重建祠堂、重修族谱、重立祖先牌位。

祠堂落成那天，世界各地的宗族乡亲都赶来庆祝。

看戏的时候我跟爸爸提之前做过奶奶赶走饕餮才能重建祠堂的梦。

爸爸说：你都说是梦了还当真，祠堂能建成是下南洋的华侨捐钱过来的。

我一惊：南洋？对，是水麒麟打败饕餮的！

爸爸说再胡说八道就揍我，鉴于之前的教训，这次我赶紧闭口不再说话。

然后爸爸还是一巴掌打来，说：这次打你是让你长记性，以后少瞎说。

我……

7.

后来我逐渐长大，渐渐明白奶奶讲的其实都是《山海经》的神话传说，而那些所谓的梦，只不过是日有所思夜有所梦罢了，这些都能在《梦的解析》里找到答案。长大后受了马列共产主义科学世界观的教育，我再也没有双手合十过，认为那是迷信，更是很少去庙宇烧香，也基本不参加任何民俗活动。

有一回陪小学班主任散步，因为是佛教徒又赶上佛祖诞辰，于是陪着他去庙里祈福，途中遇到一条大狼狗。我劝老师小心点儿，远远绕开走其他的路。

老师笑了笑，口中反复念着“南无阿弥陀佛”，从容淡定地走了过去。而那条狼狗也非常安静地趴在地上。

老师说：口念六字洪名，心无杂念则无所畏惧，任何邪气都不会近身。

我忽然想起小时候奶奶跟我讲过的话，回到家里，我找到奶奶留给我的盒子，忽然发现木盒上似乎刻着一个小篆字，再仔细一看，竟然是“梦”。难道这就是传说中的“盗梦八方盒”？

于是我赶紧翻阅爷爷留下的《山海御龙录》，很快我又进入梦乡。

梦里我又回到小时候的祠堂，同样是玩捉迷藏，我又遇到那只狌狌，记得奶奶说过它通晓过去的事情，于是我拦住它问了爷爷和奶奶的事。

原来，五十多年前饕餮就来到祠堂，年轻时的爷爷和奶奶合力赶跑饕餮，而爷爷为了救奶奶受了重伤吐血身亡。去世前跟奶奶说“无论多少困难，只要双手合十，心存正气，神明就会赐给我无限勇气去战胜一切邪恶”的人就是自己。

听到这儿我蒙了，终于明白为什么奶奶当时会突然流泪；为什么奶奶会说金钱剑和书是我的；为什么小娟说三十年前封印嬴鱼，说再次遇见我就知足。原来在梦里我“演绎”了爷爷……

然而，这一切是真的吗？还只是一场梦而已？

此时，我情不自禁对着木盒双手合十默念，我想这一切跟宗教无关、与梦无关。我只想告诉天堂的奶奶：阿嫲，我很好，只是很想你，真的、真的很想你。

想到这里，眼泪忽然就滑了下来。

我不知道自己所遇见的所有光怪陆离的事到底是梦还是真的发生过，只不过在以后的许许多多的日子里，无论遇到什么困难，我都习惯了双手合十心中默念保佑，仿佛奶奶就在我身边一样，赐予我勇气和力量去战胜一切恐惧。

再后来我成了一名作家，我把小时候经历的一切写成一本小说，就叫《山海御龙》，在一次新书分享会的提问环节上，角落处有一个安静的女生举起手，她问了一个很奇怪的问题，她说：“喂，小子，你长那么帅你女朋友知道吗……”

孤独的御龙师

1.

我是一名摄影师，除了过年、国庆能回一趟闽南老家外，基本都在外面漂泊拍照。

当年我原本想在老家找一份稳定的工作，毕竟母亲在我小时候就去世了，父亲一个人忙碌着装潢工作，又累又孤单。但是他说闽南的男孩子长大了就应该出去闯荡天下，他年轻时没能出去，我应该继承他的梦想。

所以我就这样带着矛盾的心态在外闯荡了二十多年，到了三十五岁依然是一个人一碗面一首歌又一年。

原本接到一个去拉萨的工作，却听姑姑说父亲要去养老院了。

得知这个消息我莫名一阵心酸，自己在外闯了那么久也没闯出名堂，父亲都六十多岁了还是孤单一人，难道我还要这样漂泊下去直到父亲病重了才去陪他吗？

想到这里我辞掉了北京的工作回家劝父亲别去养老院，我在家找份工作陪他。

谁知道父亲厉声骂我："谁让你辞职回家了，赶紧给我滚回北京去。"

我说："爸，这些年你一个人太累了，年纪也大了，就让我回来陪着你安度晚年，不用去养老院。"

父亲把我训斥一顿，就差给我一巴掌，骂完继续说："我去养老院不是为了养老，而是要放出被封印在山里的龙。"

"什么？爸，你开玩笑的吧。"

"开个屁玩笑……我跟你说正经的，你听我说完。"

我嘴角抽了一下："行，爸你先说。"

"阿强，我一脚都踏入棺材了，是时候告诉你真相了。其实，我们家真实的身份是御龙一族，我是传说中的御龙师。"

忽然听到父亲非常严肃地说这段话，我第一直觉并不是相信，而是怀疑我父亲是不是精神错乱了还是得了老年痴呆。

当然，我不能诅咒自己的父亲，但是让我如何相信我们家是御龙一族这个奇葩的大开脑洞的玩笑。

"爸，你最近没发烧或者感觉精神上有什么不对的吧？"

"你当我老年痴呆啊？"

"爸，我不是这个意思……"

真搞不懂一辈子唯物主义的父亲，怎么老了就开始"胡说"了，难道真的精神有点儿问题？想到这里我突然有点儿悲伤和自责，每次回家都匆匆见面，不是跟同学聚会就是去拍家乡的风景，一点儿都没关注父亲的健康。

父亲继续说："还记得你爷爷留下来的《山海御龙录》吗？"

我说："记得啊，那是当年爷爷做师公的时候随手写的一本志怪笔记。"

父亲又是痛骂我怎么能诋毁爷爷的作品，我真的一脸无辜又不能反驳什么。他说爷爷之所以写《山海御龙录》是为了告诉后人我们是御龙一族，里面除了记载了山海各种妖怪外，还系统地讲述了御龙术要点，为的就是让御龙师身份一代代传承下去，到了劫难那天我们能站出来拯救世间。

我纳闷儿父亲平常也不看电影，怎么有一种英雄大片即视感，想笑又不能笑出声，只能继续听他瞎掰。

父亲说爷爷当年没能修炼成最高等级的御龙师，为了封印山海四大凶兽之一的饕餮，最后在古厝的天井旁吐血身亡。如今又是一个轮回，必须得召唤出被封印的应龙才能彻底消灭饕餮。

而应龙在上古年间因为犯错被师门，也就是御龙一族级别最高的七星御龙师封印在雪峰山上。父亲担心我不认识师门，还特意说"师门者，啸父弟子也。能使火。食桃葩。为孔甲龙师"。

我惊叹父亲的才学，手机一查原来是干宝的《搜神记》。

父亲继续说后来师门告诫后世弟子只有到了饕餮大乱、生灵涂炭才能放出应龙，而且要给应龙提条件打败饕餮后要在结界里活动，否则它呼风唤雨也会人间大乱。

听到这儿，我不禁鼓掌说："爸，这个故事太精彩了，我正愁着辞职回来没事干，干脆你给我提供素材，我写本网络小说吧，就叫《山海御龙》，还能继承爷爷的遗愿。”

“靠妖啊，没时间跟你话仙了……我要去山上修炼成一名真正的御龙师降妖除魔。”

说完父亲就自己一个人去了雪峰山上的养老院，我想追过去拦住，一看父亲凌厉的眼神就退了下来。

2.

父亲说他要成为御龙师。我肯定不相信，但也很好奇他到底怎么修炼。想去养老院看看他又怕他给我灌输山海经里的怪力乱神，最主要的是我要是反驳他就摆出父亲的架子，不是骂就是各种训斥，搞得我很矛盾。

不过也就是这个时候，养老院的工作人员给我打电话让我赶紧去一趟，说我再不出现父亲能把养老院的瓦给揭了。

一路上我纳闷儿难道父亲真的修炼成御龙师能飞檐走壁了？

一到现场才知道哪有什么御龙师，根本就是父亲“精神失常”各种破坏公物，还在养老院的墙壁上各种涂鸦，搞得里面的卫生员洗了一下午才弄好。

我连声赔不是，忙了一个晚上才帮父亲善后完，哪知道他老人家还很不开心，还怪我多管闲事。

我说：“爸，你就别来养老院了，反正我也辞职在家，我会好好照顾你的。”

父亲依然很生气："告诉你多少次了，我来养老院不是为了养老，是为了放出被祖师爷封印的应龙。"

"那你也不能破坏公物乱涂乱画啊。"

"这哪是乱涂乱画，我这是做法，是画结界，爸也是为了乡亲们考虑，否则跟妖兽在院里斗法不得吓坏大家。"

得，父亲又开始了，我不耐烦地开始反驳抱怨父亲。

哪知道父亲"变本加厉"说："阿强啊，其实我还有一个秘密没告诉你。"

"什么秘密？"

我很担心父亲又开始出什么"幺蛾子"，果不其然，父亲说："可能你不知道，当年古厝被烧，天井的封印被破坏，饕餮差点儿跑出来祸害人间。当时你母亲也是没办法跑到雪峰山去找应龙，谁知道在山上被山海凶兽'穷奇'截杀……"

我打断说："什么穷奇、梦奇的？"

脑子里全部都是王者荣耀里那个胖乎乎的兔子英雄。

父亲说："你平时不好好读书，《山海经·西山经》有云：'似虎，蝟毛，有翼，铭曰穷奇之兽……'"

这跟好好读书有五毛关系？但是看父亲那么认真我没有反驳只能继续听他编写母亲的传奇。他继续说："当我赶去的时候你妈已经不见了，后来你阿嬷去世前告诉我你妈可能是被祖师公救了，但祖师公又不能给她续命，只能借用雪峰山的封龙结界暂时保护起来，所以这次如果解开封印也能见到你妈。"

我简直不能再说什么，虽然当时我还小，但是我是有记忆的。当年雪峰山下的车祸带走了母亲的生命，当我随父亲赶到现场时亲眼看见父亲帮忙抬着担架。

我劝说：“爸，也不早了，你早点儿休息。”

“我不能休息，我得赶紧修炼。”

我无奈，顺着父亲的思路继续劝：“那也得早点儿休息，明天起来再修炼，否则没睡好修炼会事倍功半反而救不了妈妈。”

“好像你说得有道理……这样，你早点儿回去，我这就休息。”

“嗯。”

离开时父亲叫住我，我转身，他说：“我的笔和漆，还有金粉被院长他们没收了，明天你再从家里给我带一份过来。”

“爸……带……”

父亲厉声打断我：“那是我的法器，必须带来。”

“好吧。”说完看着一脸严肃却又很是疲倦的父亲我不知怎么的，内心一股莫名的心酸。

走出大门时我遇到一个相识的老阿婆，寒暄了几句。

阿婆夸赞我父亲画得不错，有我爷爷当年的遗风。

我打小就没见过爷爷，阿婆说还是少女的时候就看我爷爷画符咒降妖除魔，用现在年轻人的词形容简直就是帅得掉渣。

我简直无言以对……

3.

隔天醒来我担心父亲再惹什么麻烦，午饭后我就去看他。

临走时我想了想还是把父亲说的东西带去，我真怕空手去了他会骂死我，心想着反正我就待在他旁边，监督他不破坏公物就好。

父亲一见到我到来也顾不上吃饭，拿起笔和漆，就开始画起来，而且专挑白墙画，跟小孩子似的，我拦都拦不住。

我说："爸，你画可以，但你能不能在木板上画，要不晚上我还得给养老院刷墙，这不折腾死我吗。"

父亲又是一顿训斥，"你懂个屁，我是在画壁画空间你懂不懂，到时候得引妖兽进去，木板上管个屁用。"

我知道跟父亲争执是没用的，我能做的就是极大限度防止他破坏公物，同时又巧妙引开院长和护工，免得他们再次发生争执。

果然，一个年轻貌美的女护工端着茶水正要往我们这边走来。唉，为了父亲，我只能牺牲自己的色相去引开她。

结果院里的活太多，妹子我没撩到碗倒洗了不少。

再回来已经是晚上，不得不说父亲真是一个绘画高手，透过窗户我看他已经在墙上画了一组壁画，虽然我什么都看不懂，也不知道他画这些干吗。当我开门进入房间时惊讶不已，因为父亲不见了。

我第一个反应是不是父亲跟我玩躲猫猫，可是整个房间根本无处躲藏啊，可是我刚才明明看见父亲在里面啊，不可能是幻觉。找了一圈还是没结果，我也是好奇就往墙壁上的漆画看去，谁知道竟然从里面看到一个人影拿着一把剑跟一条有两个身子的蛇战斗。这人的身影跟父亲还有几分相似，我正想着父亲怎么那么厚脸皮把自己画上去，谁知道画上人物竟然还动弹了一下，难道我真的出现幻觉？

正纳闷儿时也不知道我触碰到了什么，就像是有机关似的我忽然掉入一个的暗房，确切说是进入了一个另外的空间。

出现在我眼前的正是壁画上的妖兽，说真的，两个脑袋的蛇我听过不少，但是只有一个头两个身子的蛇我还真没遇见过……但是一想我怎么会出现在这里，难道是养老院里引进肉眼3D体验？

正出神时眼前的妖孽竟然朝我飞蹿来，这声音、这架势、这獠牙……跟真的似的，完全不是体验馆的感觉，难道父亲说的是真的？

我擦，我会不会被吞了啊？

千钧一发之际突然有一道剑光飞击过来，直接命中蛇头，那妖兽直接倒在我脚底，看着它狰狞的嘴我着实吓得心惊胆战。就在此时我听到熟悉的声音。

“没事吧？”

回头一看，我的神啊，是父亲，他一身黄色道袍俨然一股神仙下凡的感觉。

我问：“爸，你玩COS啊？”

“什么鬼？”

好吧，我也没心思开玩笑了，经过这遭我算是相信父亲所说的事情。走出结界后他告诉我刚才击杀的是山海妖兽“肥遗”，根据《山海经·北山经》记载肥遗是居住在浑夕山，一个头两个身子，它出现的地方的就会大旱。

这两年老家干旱就是它造成的，果不其然，第二天天一亮老家就下了雨。

4.

父亲跟我说饕餮冲出封印后还会有很多妖兽跟着过来，所以他不仅要画很多壁画，还要布上法阵，否则到时候妖兽占据了雪峰山就不能放出应龙了。

我问："爸，之前你不是说祖师公很厉害，曾经带麒麟击败饕餮吗，再打一次啊。"

父亲摇头说："上次大战虽然封印了饕餮但是麒麟也受了重伤，祖师公更是引了天雷，这次再引恐怕打不了饕餮，自己的命还得搭进去。"

"行，我懂了，打虎亲兄弟，上阵父子兵，爸我帮你。"

父亲连忙说："可别，你连你爷爷的《山海御龙录》都没看过半页，更不用说御龙术了，上了战场只会拖我后腿，你还是当好后勤部队就好。"

"爸，你放心，从今天开始我一定认真看书研习御龙术，保证不给组织丢脸。"

"行。"

"对了爸，这几十年我们好不容易搭档降妖除魔，要不要给我们的组合起个什么名字？”

父亲反对，“要那么多繁文缛节干吗……”

我说：“万一以后我结婚生子了，你得给你孙子吹牛啊。”

“那叫什么名字好？”

我说：“就叫降妖二帅怎么样？”

“滚……”

当天晚上我并没有睡觉，翻开爷爷的笔记开始学习上面的法术。说真的，还挺难的，首先各种天灵灵地灵灵的术语，还有指法，什么御龙诀、五行诀、七星本诀、五雷诀……天啊，那么难学，竟然还有特别像“我爱你”这样的指法，难道向妖兽指过去它就被这样的表白弄得鬼迷心窍？找谁说理去。

更郁闷的是隔天到了养老院准备大干一场时，父亲竟然说没这回事，让我别瞎说。

我说：“爸，你没开玩笑吧？”

父亲依然还是不变的表情：“是你在开玩笑吧，是不是一个人讨不到老婆光棍久了就发神经啊。”

“我……”

父亲真是神逻辑，我简直无法辩解，只能拉着他去房间让他看看昨晚的战绩。

结果房间空空如也，墙壁上一片空白。

这到底怎么回事？明明昨天父亲在壁画里打败了山海妖兽肥遗啊，

怎么今天就没有了，而且也是我亲眼所见啊，怎么就凭空消失了。

“爸，我明明记得你昨天干掉一条有着两个身子的蛇，你说它叫肥遗，它出现的地方就干旱，你昨晚杀了它所以今天下雨了。”

父亲目瞪口呆地看着我说：“你没人格分裂吧？”

他那么一问搞得我怀疑自己人生了。旁边过来送餐的女护工问怎么回事，父亲怕别人觉得我是神经病，忙解释说：“没，我儿子让我吃条蛇补补身体。”

女护工笑了笑说：“蛇不补身体，是清热解毒，您吃那个没什么用。”

这一整天我都待在养老院，发现父亲也不画漆画，也不提《山海经》，怎么突然换了一个人似的。

我找遍所有地方，根本没发现任何蛛丝马迹，差一点儿怀疑自己是不是精分了。跟院长聊天提起这事，院长说父亲的精神状态不太稳定，之前是有点儿失常，这几天可能我一直陪着他精神状态比较好，所以也不乱涂乱画破坏公物了。

院长的解释能说明父亲的状况，但似乎说明不了我的所见所闻啊。难道是因为我跟父亲交流久了，被他带入他构想的世界里，然后出现了幻觉。

一直到晚上，我准备离开时才找到答案。

躺在床上的父亲突然坐起来对我说：“可以开始了。”

我问：“开始什么？”

他说："降妖除魔。"

5.

剧情反转得我一下子没反应过来，父亲怎么说变就变啊。

他看出我的疑惑，赶紧解释说："强仔，白天不是爸故意耍你，是昨天我发现其实养老院有很多人是妖兽幻化的，之前我布下的法阵都被他们以破坏公物为由破坏掉，我们不能露出破绽，否则前功尽弃。"

这样一解释我懂了，赶紧问："爸，那接下来我们怎么办？"

"晚上我们在结界里偷偷清理雪峰山上的妖兽，白天我假装老年痴呆，你配合我布法阵。"

"行。"

"那开始。"

说完，父亲从床底拿出道具和法器，开始在墙壁上重新画画布结界。

"哇，爸，你画画真好，如果不是因为降妖除魔，你一定是一个很牛的画家……哇，爸，你看你这个小人画得很帅气，怎么看着有点儿像你啊，你怎么能那么自恋呢……哇，爸，今晚这只是什么妖兽啊，看着很好吃的样子……哇……"

"哇，你能帮忙吗？"他打断我。

我赶紧回答："需要我帮忙什么？"

他把笔递给我，反问："你会画吗？"

“不会。”

他说：“那你去外面给我看门。”

“哦……”

一出门我本以为是非常枯燥的看门工作，结果不到一分钟那个漂亮的女护工又出现了。

我真的不是看到美女就技痒，是不能让她进来看到我父亲又开始“乱涂乱画”，我不扑过去献身真的会前功尽弃的，真心的。

记得有一个作家写过撩妹三板斧是吉他、摄影和豆腐乳，我是摄影师可谓占据先头。我甚至准备好了如何给她构建一个夜拍的流程，然后兴致勃勃跑过去跟她聊天，结果妹子一看到我转身就拐到其他房间，留下我一个人尴尬地举着手对着空气打招呼。

唉，再一次把美女吓跑，不过这样也好，给父亲降妖除魔争取更多保障。

我转头一看，父亲又不见了，进了房间看壁画，依然是一个衣袂翻飞的御龙师跟山海妖兽战斗着。

我理应进去帮忙，但是想着现在半吊子的我帮倒忙就完蛋了，哪知道一看壁画上的变化发现父亲竟然被击倒，再看看那妖兽，就像是一只有角的大狗，嘴里还能喷出火焰。

我得进去帮忙啊，否则父亲就有危险了，想到这里我直接往壁画里冲……结果，头撞在墙壁上反弹回来疼得要死。

“擦，怎么回事，怎么进不去？”

眼看壁画上父亲的剑已经折断，估计撑不了多久，可我依然不知道如何进去。

就在此时，我想起爷爷的《山海御龙录》记载必须用指法才能进入壁画空间，于是我赶紧手捏斗诀，直扑战斗现场。

一下子就进入壁画空间，我马上就战斗起来，只不过一不小心撞到了父亲，害得他的剑诀失效直接被妖兽顶飞。

我还没来得及说对不起，妖兽开始对着我张开大口。说实话小时候被狗咬过，面对那么大的狗真的有点儿害怕。

此时传来父亲的喊声："这是犼，当心它嘴里的火焰。"

但是犼的火焰根本不给我逃跑的机会直接往我身上罩过来了，这下子我得成烧烤了吧？

说也奇怪，不知哪来的一道清风把我给卷到旁边躲过了火焰。我以为是父亲施法，但是看着父亲倒在地上艰难爬起来的样子显然不是他，他也一脸疑惑地看着，到底是谁帮了我？

犼这妖孽并没有给我们太多思考的空间，再一次奔跑过来，只见父亲举笔凭空写了一排金光闪闪的字，他写的是……呃……关键时刻我怎么能没文化呢，竟然看不懂，反正他写的应该是什么符文吧。写完后父亲手捏剑诀，剑指犼，符文也直接飞了过去直接控制住它。

哦，原来这是一道困兽符。

但是困兽符咒似乎不是那么厉害，父亲双手不停变换指法坚持着。

“赶紧拿剑去消灭犼。”父亲朝我喊着。

我看了看地上断掉的剑，“可是爸，剑断了啊。”

“臭小子，断剑也是剑啊，那剑流有御龙一族的血，断了也能降妖除魔。”

“好的。”

我突然有一股英雄重出江湖的感觉，马上捡起剑冲向犼。这一剑我刺得如此凌厉，那一瞬间我仿佛看到了日月当空，可……我还没刺到犼就被它的角给顶飞了。

这一顶直接顶我屁股上，疼得我叫不出声来。

眼看犼挣破了困兽符直接朝我奔来，它如果是继续把我顶飞我应该还能剩下半条命，可是这家伙一看是铁了心要消灭我，竟然边跑边喷火。

火焰的速度我根本躲不开啊，最关键没有任何清风的迹象，也就是没有人救我了，这下子玩完了。

此时，一个熟悉的身影出现在我前面，是父亲，难不成他要跟我一起被烤？

当然不会，父亲站我身前生成一道结界帮我挡着火焰，他大喊着：“臭小子，你赶紧用剑刺过去啊，我顶不了多久。”

“好。”

说完我起身正要拿剑，可是那剑呢……在我几米开外，我要跑过去拿但是我们周围全部被火焰包围，我只要跑出结界肯定变成烤乳猪。

父亲似乎看出我的忧虑，继续大骂：“你这蠢猪，御剑啊！”

御剑？我父亲真当我是蜀山剑侠啊，还真御剑飞行，但是眼看他已经支撑不住大汗淋漓，结界越来越弱。

行不行总要一试，我按《山海降妖录》上的指法手捏剑诀指向残剑，没想到残剑像是接收到起飞命令的飞机一样，直接高高飞起，我再往犼身上一指，残剑就像是流星一样直接刺了过去。

然而，犼甚是机灵，迅速用角来抵挡。幸好我吸取上次经验留有一手，这次我在御剑过程中并没有完全用直线，怕剑被犼顶开，而是采用弧线，躲开它的双角直接刺到喉咙处。

这是致命的一剑，犼当场毙命，我们也迅速解除了危机。

父亲开心地拍了拍我的肩膀，“好小子，学得很快啊。”

我笑了笑说：“是你遗传基因好。”

父亲哈哈大笑起来，很多年了，父亲很多年没那么开怀对我笑过，我竟然有些动容。

但是我感动之际却发现整个壁画空间瞬间发生了变化，就像是地震坍塌似的。

“糟糕，可能是外面有人在破坏壁画符。”父亲说。

“那怎么办？”

“我们赶紧出去……”

说完父亲拉着我想要快速冲出壁画空间，但是就像是我一开始撞墙的感觉一样，我们被反弹了回来。

眼看壁画空间周围是凌乱的惨象，四周不时有石块掉落，真如古墓关闭巨石滚下一般。

父亲拉着我躲闪着空间巨石，否则被砸到估计就真成鸡蛋灌饼了。我有点儿悲观地问父亲：“难道我们就这样被困在里面？”

父亲摇了摇头说：“还有一个方法。”

我问：“什么方法？”

“意念挪移术。”

“哈？”

“但是意念挪移术只能移动受控者，施法者不能移动。”

我赶紧说：“那我来施法。”

父亲厉声说：“你懂个屁……出去后好好学御龙术回来救我。”

我还没来得及反对父亲突然手捏指法、口念咒语一把把我推出壁画空间。

“爸……”

6.

我又撞到墙壁，只不过是房间的墙壁。

站起来时看到那个漂亮的女护工正擦拭着墙上的壁画，一看她擦拭的位置恍然想起原来那些坍塌的巨石都是她的“手笔”。

“住手……”我连忙过去阻止。

“吓我一跳，你什么时候来的？”女护工停下手问我。

我没回答她，愤愤说：“你怎么可以把壁画擦掉。”

“这是养老院，又不是你家，你们在墙上乱涂乱画还有理了？”

被她这么一说我好像无法反驳，但也得想办法阻止她继续擦，否则父亲得死在里面。

“那个……我爸，你也知道，就是你水叔，不是老了吗，精神上有点儿孩子气，就喜欢在上面画点儿东西，总不能跟他怄气嘛。画就让他画点儿没事，到时候我来涂白，所有损失我来赔偿。”

“这不是赔偿的问题，这是院里的规定，而且之前我睁一只眼闭一只眼，今天晚上院长下命令让我来处理了。”

院长怎么会突然下命令，我再结合这几天院长给我的电话以及跟我交流的话语想了一下，难道正如父亲所说，院长就是妖怪？

想到这里我赶紧换了个方法说：“这样，你知道我是摄影师嘛，我想拍几张留给我爸，他看到了也许以后就不会画了，拍完我再来帮你擦行吧。那么晚你先回去休息，我保证今天晚上一定擦完，明天你过来检查，如何？”

她似乎有点儿心动，毕竟工程量很大，但是又有点儿犹豫，“但是院长……”

“放心，我做事你还不放心吗？这样作为奖励你的美丽，这周我免费给你拍一组私房……不对，文艺照如何？”

这么一说她真就心动了。吉他一出，姑娘全扑，摄影一出，姑娘全酥，真不假。

不过我当然没心思撩妹，父亲还在里面生死未卜呢。

她一出去我马上认真看着壁画，上面还有几处安全的地方，父亲应该没生命危险，现在要做的就是把他放出来。

摆在我眼前的方法有一个，那就是把画补全，我拿起笔却发现其实自己根本画不了漆画，再看看旁边早已干掉的漆，对哦，我连造漆的工艺也不会。

看来只有另外一个方法——现学现卖。

于是我只能赶紧临时抱佛脚看《山海御龙录》，爷爷的笔记里确实记载了父亲说的意念挪移术：左手小指越过四指背使中指勾定小指，大指掐中中指中节，持诀以胸伸至胸前，口中念金光神咒，“天地玄宗，万炁本根。广修亿劫，证吾神通……”

经过仔细阅读以及演练后，我终于把父亲解救出来。

只不过他出来并不是第一时间表扬我的学习能力，而是给我一巴掌问我疼不疼。

我说：“当然疼，打我干吗？”

他厉声骂道：“让你小子下次好好学，你自己看看房间的桌椅……”

我环顾四周，桌子怎么都不见了。

父亲说：“你全把它们挪移到壁画里，全他妈砸我头上了。”

我……

父亲问我在里面战斗的时，我是怎么避开第一次的火焰。

我说：“我也不知道，当时就是感觉到一股清风吹来把我卷走。”

父亲思索了一下说有可能是我母亲，但又找不出蛛丝马迹，随后我简单跟他交代了院长安排女护工擦壁画的事。父亲听完皱眉说：

“我担心的事还是出现了。”

我问：“什么事？”

“整个养老院的工作人员都是妖怪。”

“什么？有那么多？”

“是的，之前我以为只是一部分，没想到全部都是。”

我反问父亲：“你是怎么判断的？”

“就是你说的那个女护工，她叫小七，我的御龙术根本对她无效，所以认为她不是妖怪，没想到她竟然也是。”

我讶异：“不会吧，既然你的御龙术对她无效，不应该证明她是人而不是妖吗？”

父亲差点儿又一巴掌打来，“你傻啊，你自己都不知道被她迷得多么鬼迷心窍。”

我说：“这……你不是整天催我结婚嘛，我迷上一个姑娘不正是好事吗？”

父亲说：“她哪是姑娘，她都能当你妈了。”

“呃……爸，你别那么说，虽然我妈去世得早，但我们父子不能因为一个姑娘反目成仇啊？”

他差点儿气死，说：“你自己想想有哪个漂亮姑娘能来养老院工作？”

“也许人家长得漂亮又有爱心呢。”

父亲真没忍住依然跟我小时候似的一脚踢过来，幸好我躲得快，他骂道：“你这臭小子，跟你那么说吧，我看她是中年妇人，你看她是年轻姑娘，怎么我们两个人看的样子变化那么大，只能说明她是九尾狐幻化的，欺骗了你的眼睛。”

我顿时明白，嘴张得大大的，心想幸好我没撩成功，否则……

父亲继续说：“经过这阵子的探查，我已经从壁画里找到封印入口。”

我说：“那我们赶紧去放开应龙啊。”

“但入口在院长房间。”

“那我们冲进去啊。”

“冲个屁，你忘记整个养老院都是院长的人啊。”

“那我们全消灭了。”

父亲作势又要给我一巴掌，我赶紧躲开，他说：“我们连一个妖怪都打得那么吃力，养老院有那么多妖怪，送死去啊。”

“也是……”

父亲叹气说：“过两天就是普度了，到时候如果再不能放出应龙，饕餮就要危害人间了。”

“爸，那我们也不能坐以待毙认输啊，接下来该怎么办？”

父亲思索了一下，然后说：“输人不输阵，拼了。”

输人不输阵，输阵歹看面，拼了！

这是父亲从小跟我说得最多的一句话，也是我们族人“爱拼才会赢”的奋斗信条。

时隔多年，再一次听到父亲如此朴素得激动人心的一句话，我附和着：“拼。”

7.

父亲所说的拼不是盲目战斗，而是布阵。

布的当然是御龙一族最庞大的降妖除魔阵，多年以后，当我知道这个阵的反噬，即便是天下生灵涂炭我也不会让他布这个阵。

但是还未真正成为御龙师的我并不了解什么，只能从父亲口中得知这个阵叫“九宫降龙阵”，由九宫八卦阵演化而来，在乾宫、坎宫等九宫里融入御龙术，先降服阵内的妖怪，再以八卦飞剑斩杀妖孽。

我听得热血沸腾，想着马上提剑斩妖除魔，但无奈我的御龙术实在很入门，只能帮父亲准备道具。

所谓的道具就是漆、金粉、笔，听着好像很简单，但是漆并不是我们市场买的所谓无甲醛无危害的化学漆，都是化学漆了怎么会没危害。父亲要的是古漆，割于山漆树，采来的生漆在阳光下铺薄晾晒，再用纱布滤去残渣，最后流下来的才是真正而有灵气的漆。

父亲先用漆在九宫位置画上降妖图，再用笔沾金粉写满御龙术咒。当然，我额外的任务就是避免阵法显灵前被工作人员破坏，但是一共九个地方我分身乏术啊。

一想到这里我灵机一动，养老院的工作人员都是妖怪，但是养老院的老人都是乡亲们啊。

于是我赶紧去找那个阿婆求助，但是我不能跟阿婆说父亲是在布阵，否则隔墙有耳难免泄漏，只能解释说父亲有一个愿望，就是完成爷爷没画完的壁画。阿婆一听是爷爷的遗愿，马上发动养老院所有仰慕她的老头一起组成应援团，保护阵法。

分配好后我当然是守最重要的“乾宫”，一切都就绪直到小七出现在我眼前。

“小帅哥，你在这干吗呢？”小七一看到我就问。

为了不让她怀疑，我赶紧转移话题说：“对了，上次不是说要给你拍照嘛，你有时间吗？”

“有啊，现在就有。”

小七这样一回答我就被动了，毕竟她认为我现在是闲来无事在这里闲逛，而她身后就是父亲早已布好的“乾宫”，我怎么也不能让她转身看到。但是如果真给她拍照我就没法看护阵法。

“到底拍还是不拍？”小七看我走神催促着。

“拍。”我说。

我心想拍照我是摄影师，她就得听我指挥，一切都在我的把握中，应该不会出什么差错。

哪知道小七第一句话就是说：“这里环境不好，我们到外面的小树林吧。”

调虎离山？我万万不能答应：“就在这儿吧，小树林多不好，万一我们拍着拍着就钻进去了可不好。”

“那就在小树林里拍啊，这个季节里的风景最美了，而且没人打扰哦……”

如果我不知道小七是狐狸精，我真的去拍了还说不定，但是我清楚知道她本来的面目，但竟然还是答应了。

真的，不知道为什么我完全没有抗拒，也不顾现在的使命，就跟着她走了，好像她身上就是有一种奇怪的魅力吸引着我跟随。

到了小树林，她也并没有让我拍照的意思，一路领着我钻了进去，最关键的是我竟然没有害怕的意思，心里好像是“好事临”似的还美滋滋的。

此时，一个洞出现在我眼前。

我问：“这是什么？”

小七说：“这是我家啊，我有点儿累了，我们一起进去找个床休息一下吧。”

“好啊。”我根本控制不了自己，跟着她走了进去……

8.

原本我想着里面的场景应该是红烛昏罗帐，弥漫着少女香味的闺房，结果飘来的是腐烂的恶臭，还有随处可见的白骨和窜动的老鼠。

小七忽然转过来拉着我的手，牵着我继续往里面走。走到一处石头床前，她双手盘着我的脖子，嘴里好像吐出一些奇怪的烟，香香的，甜甜的。

我竟如痴如醉，忍不住要在她嘴里讨水，在她身上写诗。小七更是主动，她的嘴直接凑了过来。

然而……我还没进入岛国剧情时忽然看到她，不，是它满是獠牙的嘴。

我忽然清醒起来想要逃跑却怎么也走不开，原来它的九条尾巴死死地捆住了我。

真是九尾狐！

此时，父亲正在布阵，压根儿没时间注意我，再加上这是小树林的山洞里，更别指望有什么路人甲发现过来拯救我。难道我真的命丧于此，我都还没成为一个优秀的御龙师降妖除魔，就这样死在一只九尾狐手里？

眼看九尾狐就要一口吞没我，就在这千钧一发之际，依然是熟悉的一阵清风刮来，这次它并没有带走我，而是直接打向九尾狐。它为了躲避这突如其来的一击直接放开我跳到石床上。

“消灭它。”我大喊着，九尾狐听到我的声音也有点儿退缩。

但是那奇妙的是清风并没有听我指挥，一下子就散为烟雾，我心想不会那么坑爹吧？

九尾狐发现这是一次性的攻击，全身燃起蓝色火焰开始报复我。

作为一个半吊子的御龙师，我开始展开第一次独立战斗，我使出毕生最厉害的招数——逃跑。

我知道凭我的三脚猫工夫压根儿就打不过它，只能拼命地往洞口跑，谁知道九尾狐的速度比我的还快，一瞬间它就堵在洞口。

“你别逼我使出御龙术。”我大喊着给自己壮胆，也是想继续吓唬吓唬它。

本来它只是慢慢走向我，一听我的怒喝便直接扑向我。

我算是头一次明白“不作死就不会死”是种怎样的体验。

“妖孽，散去！”关键时刻我从身上摸出一道符咒挥向它。

九尾狐根本不知道我身上还藏着那么多宝贝，触不及防直接被我的天雷符咒打中，重重摔在墙壁上。再次站起来时发现我已经手捏剑诀，不敢轻易冒犯。

其实嘛，我身上根本没带剑，而符咒是父亲临时给我，让我关键时刻救命的，就一张，真够吝啬。

眼看九尾狐没敢攻击，我继续摆着手势，脚则慢慢往外挪着。这厮似乎能懂人类的思维，一看我退缩马上猜测我的符咒有限，立马又扑了过来。

这下子彻底完蛋了，我没有什么秘密武器了！

“九曜顺行元始徘徊华精莹明元灵散开……”

依然是熟悉的声音，我转头一看发现英雄一般的父亲出现在我身后，手捏剑诀，一道符咒打往九尾狐，直接把它打成原形。

原来是九尾狐附着在小七身上，此刻她昏迷不醒，父亲说：“你背着她回养老院，我赶紧回去。”

一路上我问父亲，“爸，你怎么知道我有难？”

“我给你打电话让你给我带点儿漆过来，你小子没接，我赶紧出来找你又找不到，只闻到一股骚味，一路顺着气味过来就发现你了。”

“是嘛，真没想到狐狸的味道那么重。”

父亲拍了一下我后脑勺说：“骚味是你的。”

我……这还是亲爸吗，真怀疑自己是西瓜地里捡来的。

我正想着跟父亲多聊会儿，毕竟以前他对我特别严厉，我们之间的交流非常有限，谁知道一到养老院我们都傻眼了。

因为阵被破坏了！

9.

阿婆带着一大堆老人排成横排拿着拐杖、脸盆、扫把挡着不让院长部队去破坏。

院长估计也是有所忌惮并没有现出原形强行突破，依然是好言好语相劝，同时也让护工把老人一个个架走。

眼看另外一批护工拿着白色涂料要把壁画涂掉，父亲也是着急飞奔过去一脚把一个护工踢开。如果只是普通跑过去踢还不会生疑，因为距离十米开外，父亲直接用了御龙术，整个人腾空过去踢的。

院长一眼就看出是御龙一族的法术，深知再伪装也没意义了，突然脸色一沉对着我父亲说："水叔，你隐藏够深的。"

"不如院长你深啊。"父亲知道经此一遭再也瞒不住，所幸就大干一场，"你这妖孽还不快快现出原形。"

"就你一个御龙师也想打赢我们？"

"还有我。"我走过去站在父亲前面，又退了几步站到他后面说。

"你？"院长仔细看了看我又继续说，"还没入门的御龙……不对，御虫师？"

"老子可是御龙一族的金牌御龙师，深得祖师爷真传，也遗传了我爸，七星御龙师的御龙天赋。"我想着先用言语震慑一下，也给父亲拖延点儿时间让他发动阵法。

“七星御龙师？二十年前我在雪峰山下遇到一个九星女御龙师我都不放在眼里，何况是你们这两个小喽啰。”院长轻描淡写地说。

也不知道父亲怎么突然变得很激动，大喊着：“你是穷奇？”

院长很是诧异：“你才七星，竟然能看出我原形？”

我忽然想起来了，原来它就是二十年前杀害我母亲的山海凶兽穷奇。

“拿命来！”我也变得异常愤怒，直接冲了过去。

因为愤怒我完全忘记对方可是山海四大凶兽之一，也没有使用任何法术直接冲了过去，这下子要被碾成粑粑了吧？

可意外的是院长竟然被我一拳干倒在地，我心想难道自己瞬间成为超级赛亚人？

事实显然不是，因为院长幻化人形所以没有任何威力，他被我打倒在地显然非常愤怒，也不管在场的老人突然站起来就朝着我怒吼一声。那吼声直接把我震飞，我满脑子都是飞虫转圈晕乎乎的，等清醒过来时发现院长已经变成一只长着一双黑翅膀的怪老虎。

这就是山海凶兽穷奇？父亲直接冲过去跟它战斗。

四周所有老人吓尿的吓尿，跑的跑，只有阿婆依然站在旁边高喊着：“加油，加油，中国队，加油……”

我真汗颜，这是哪跟哪儿？

我本以为父亲能坚持一会儿，我在旁边寻找着破绽偷袭，哪知道不到十回合父亲就直接被打得连我这个当儿子的都差点儿认不出来。

“爸，没事吧？”

我还没跟父亲寒暄几句上演下动人情节穷奇又飞过来，我赶紧手捏剑诀指挥地上的斩妖剑，但是穷奇的速度实在太惊人了，直接把我撞飞。这妖孽的力量太大了，估计也把我打得连我爸也认不出来了。

就在此时，旁边的所有护工都现出原形，什么妖魔鬼怪、牛鬼蛇神全部出现在眼前。

天啊，一只穷奇我们都打不过，更何况是那么多妖孽，看来这次我们都要完蛋了。

此时我看向父亲，他忽然双脚盘坐，从怀中取出一方八卦放在地上，口咬食指，按在八卦上，那血直接流了出来，顺着八卦上的字符沟壑流淌着，嘴中还念着咒语。

此时，四周的环境开始发生变化，就像是被一个巨大的八阵图笼罩着。

“九宫降龙阵！”我忽然想起我们布的阵。

“你以为凭着你的功力就想困住我吗？”穷奇喊着，随即翅膀扇动狂风，四周的树和石头都飞快向父亲砸去，如果不是因为阵法的结界保护父亲早就被砸成马蜂窝了，可九宫降龙阵还没完全催生眼看父亲就要坚持不住了。

“妖孽，看剑！”我抓起斩妖剑边喊边朝着穷奇跳了过去。

“小心。”

背后传来父亲的喊声，我知道此去必是九死一生，但我必须勇敢站出来。记得小时候总是想当一名飞檐走壁的英雄，但是每次遇到困难又束手无措，父亲总是给我一巴掌大骂说：“输人不输阵，输阵歹看面”。虽然他对我很严厉，但每次的困难都是他扛着，他最后都会补两个字“拼了”。

是啊，无论是小时候母亲过世还是长大后兴土木，总是父亲一个人在操办，而现在父亲已经老了，已经很老很老了，而我漂泊那么久依然只是躲在他背后当一个狗熊。

我想现在是该承接起父亲的重担了，无论前路满目荆棘还是兵荒马乱，“输人不输阵，输阵歹看面，拼了”父亲的话就像是一团熊熊的烈火一样，照亮我的前方，指引我长成一个真正的英雄。

……

一声惊天雷动，我被穷奇打飞到了墙上，口中直接喷出血来。

正如穷奇所说的一样，父亲虽然布下了最厉害的除妖阵，但是他就算流光自己的血也没法催生阵法的威力。此时他更是受困于其他妖怪的缠斗，所幸有阵法的天雷相助，父亲才勉强支撑着。

一旁的穷奇并没有因此饶我一命，它突然高高飞起，头朝天吼。只见半空中天象骤变，一团黑云高速旋转并在空中拧成一股旋风，很快这股旋风夹杂着闪电直奔我来。

我想逃跑却发现身上已经没有一丝力量，而旋风速度如此之快，我想我是永远也躲不过了，看来我就算拼尽全力也是输了，永远成不了英雄……

雷电交集。

天崩地裂。

鲜血喷出。

一个熟悉的身影挡在我面前，是的，他是我父亲，他替我挡下了致命一击。

随即又是一股熟悉的清风，久违的美好……

10.

斗转星移。

病危的父亲躺在病床上听着我给他讲的这个英雄故事。

他问我："阿强，你讲的都是真的吗？我真的是一名御龙师，我真的是因为要放出应龙，要去救你母亲才受伤的吗？"

我说："是啊，爸，你画的壁画都还在呢。"

父亲艰难地抬头看了看整个房间的山海壁画，有点儿怀疑。

没错，我是在编故事骗父亲，但其实也是一个善意的谎言。父亲年轻时是一个漆画师，给古家具和祠堂庙宇画漆画，但是随着现代社会的发展大家已经不再需要漆画，父亲也就失业了。再加上母亲去世我漂泊在外，父亲孤单一人精神慢慢发生变化，年老后开始出现痴呆和幻觉，总觉得自己是一名法师，要在养老院里画漆画降妖除魔。

一开始所有人都劝他，父亲又开始觉得自己是疯子，开始自责自残……我实在不忍心，所以给父亲编了这样一个山海降妖的故事。

"但是我怎么记不清这些事了？"父亲问我。

"那是因为这次你受伤太严重了，爸，你想想，你还记得当年我还小，母亲是九星御龙师，在雪峰山下和穷奇战斗，随后受伤了，还是你驾驭夔牛去解救……”

父亲说：“夔牛？我怎么记得是出车祸了，我帮忙抬担架？”

我赶紧解释说：“爸，那是你为了避免造成恐慌，所以先把夔牛化成担架。”

“哦，好像有点儿印象。”

我继续说：“还有，记得吗？当年古厝被烧，赢鱼作乱家乡发大水，我去学校的路被淹了，你怕我上学出现危险，骑着凤凰单车……”

父亲打断说：“什么单车？”

我编的很多事都跟真事结合，一说快就把“单车”说出来，好不容易父亲相信了自己是英雄而不是一个疯子，这下子……哪知道父亲继续说：“不是凤凰单车，是真的凤凰，我驾驭凤凰过去打赢鱼。”

“对，爸，你全想起来了。”

父亲很开心：“我不是疯子，我没疯，我是御龙师，别人不知道而已……”

看到父亲开心的样子我很欣慰，但是他又突然问：“但是后来呢？我受伤后呢？”

“后来还是那股清风帮我们催动了九宫降龙阵，最后我们赢了。”

“那就好。”父亲听到这儿也欣慰起来，随后他又像是想起什么似的，问我，“那股清风？那……那你妈呢？”

“我没找到她，可能她还在某个地方等着我们。”

父亲激动地说：“她一定还在壁画里，我要去找她。”

我迟疑了一下还是扶起父亲出门看墙上残留的山海漆画，那一沟一壑承载了父亲几十年的回忆。是啊，他十八岁就开始画漆画，一画就是一辈子，年轻的时候大家都尊称他师傅，老了后竟然被这个时代淘汰，所画的山海漆画也逐渐在风吹雨打中残破。

父亲突然老泪纵横叹气说："我老了……老了……没用了。"

我没有说话，从包里取出三样东西：漆、笔还有金粉。

"这……"

我笑了笑说："爸，你曾无数次跟我说过'输人不输阵，输阵歹看面'，这三样东西陪了你一辈子，如今你真的忍心放弃它们？"

父亲想了想说："拼了。"

明天就是普度了，父亲决定拖着病躯画漆画，去壁画空间里救我母亲。

我担心院长和护工过来阻挡，通过阿婆动员所有老人都过来帮忙守护，父亲就开始在墙壁上画画，画的依然是山海经的故事。

意外的是院长和护工都没有过来阻拦，他们站在旁边看着，一直到父亲画完。

最后院长跟我说："我已经十几年没见你父亲画漆画了。"

是的，父亲是一个画者，孤独得忘记自己的画者。

就在此时，父亲放下画笔，正要进入时突然转身拍了拍我肩膀说："有句话我想跟你说……"

我打岔说："爸，我知道，输人不输阵……"

父亲摇头说："不是。"

“那是？”

“早点儿结婚，你奔四了，爸在你这个年纪的时候儿子都可以追女孩了。”

“呃……知道了，爸。”

“加油！”

父亲重重捏了下我的肩膀便慢慢走入他的山海世界和母亲团聚。

此时，病床上的心脏测试仪“嘀”的一声，汇聚成一条线。

父亲离开时我想了很多，其实谁都知道，父子关系是这个世界上最简单又最复杂的情感关系。小时候父亲恨铁不成钢，基本对我就是打骂，长大后我们很少说话，再加上我觉得自己已经成年了，一有矛盾就经常跟父亲吵架，所以整个成长过程都没来得及跟父亲好好交流就离开家乡。

工作以后的每一年回家，都发现父亲老了，也逐渐不跟父亲吵架，想跟他聊点儿心事却怎么也开不了口。突然有一天父亲给我倒了一杯酒说一起喝点儿商量家事，聊着聊着我突然喉咙哽塞，仿佛明白父子交流就要真正开始，父亲已经认可我长大了并开始把家庭的责任移交给我。

三十多岁的人想起这个话题自己都觉得矫情，当知道父亲老了的时候却突然很害怕。

很多时候我在想我跟父亲除了血缘关系外还有什么？后来我逐渐明白，随着时间推移我逐渐成为另外一个父亲，我不光遗传了他的基因，也继承了他梦想，在他离开的这个世界里成长成一个真正的英雄，然后再把这个梦传给下一代，我想这就是传承吧。

虽然父亲留给我最后的一句话是催婚，但是我依然觉得他想告诉我的还是“输人不输阵，输阵歹看面，拼了”。以后的很多个孤单的日子里，父亲的话像温暖的火一样，照亮我的前方。

区间迷局

1.

阿俊是北漂一族，公司在三环内的大钟寺站附近，却住在五环外北苑，所以经常说北漂一族工作在城里，住在贫民窟。

这也没办法，谁让城内的房租贵得要死。幸好两站有一条十三号线地铁直达，除了需要五十分钟的路程和把人挤怀孕的地铁空间，交通还算便利。

阿俊住的是两室一厅，但是只有次卧出租，主卧一直锁着，中介说是房东留着给孩子的婚房不让住。当时阿俊听说有很多合租房都锁着一个房间，里面放着一些带不走的东西，比如骨灰盒或者逝者生前的东西之类，本想换一个地方，但是考虑到同地段没有那么便宜又离地铁近的房间，忍一忍还是租了。他想只要不打开且当婚房也一样。

但是好奇心是人类进步的内在动机，这个是写在基因里的，因此多少个晚上阿俊都想打开那扇锁得严严实实的门。

有一个晚上同事聚会喝多了回家，阿俊借着酒劲儿准备破门而入，可真到了门前他又害怕看到不该看的，竟然先敲敲门，然后问一句：“有人在吗？”

当然，他没有得到任何答复。再后来他用各种钥匙尝试开锁，嘴中还说着：“打扰，洗手间没水了，我借用下主卧洗手间。”

当然，他怎么也打不开门，后来他从网上搜到开锁方法，他自己也拿着卡片尝试。果然，卡片直接伸进门缝，门可以打开，里面到底是什么东西呢？

关键时刻阿俊竟然重新关上门，因为他知道有一句古老的话叫作：好奇心害死猫。

很多时候当我们马上就要得到一个东西时却突然放弃，因为害怕跟自己所想的不一样。阿俊就是这样的心态，所以从那天开始他便没有了打这扇门的主意，他把更多的心思放在了工作上。

2.

阿俊每天都是乘坐十三号线地铁来回上下班，在互联网公司上班的人都是“加班狗”，所以阿俊基本上都是赶末班车下班，不过最要命的是经常碰到终点站是霍营的区间车。所谓的“区间车”就是这趟原本开到终点站的列车只开到一半，然后在霍营站清空所有人空车开走，你得坐下一趟车才能去目的地。而这次他又碰到区间车，好不容易抢到的座位又得起来接着跟下一趟的人竞争，所以区间车对于阿俊来说简直就是通往噩梦的列车，焦躁得他真想骂爹。

他懒散地跟在人群最后下车，此时旁边有一个穿着复古奇怪服装的老太太一直等着他，老太太笑着对他说："欢迎来霍家做客。"

阿俊傻眼，还没来得及搞清楚时，老太太走出人群从地铁站出去。

"可能是搞错了？"阿俊想了想，继续排队等着下一趟到北苑的非区间车。

几分钟后列车到站，阿俊经过冲、撞、挤、跳等九九八十一个高难度动作终于上了车并抢到了一个宝贵的位置。由于加班实在太累，刚才玩命上车又体力透支，不一会儿他直接睡过去。再次睁开眼睛是被列车员叫醒，列车员告诉他这是末班车终点站，让他赶紧下车。

他走出来一看，"霍营站"三个字特别明显。

"擦，又是区间车。"他破口大骂。

对于经历过十三号线地铁的人来说，这条地铁线真是诡异存在着，什么西直门、大钟寺、上地、回龙观、霍营……光听站名就有阴森森的感觉，更何况他从来没有在霍营下过车，这次不得不出去打车回家。

最让他郁闷的不光是手机刚好没电叫不了快车，而且地铁站外没车也没人。

"真是背到家了，这人都跑去投胎了吗？"阿俊自言自语地走着。他想着上班时好像听到同事说今天是中元节，就是传说中的"鬼节"，同事还说晚上地府是不关门的，孤魂野鬼都会在人间游荡，让他早点儿回家。阿俊是唯物主义者，根本没当回事熬到最后一个下班。

他边想边走着，看看能不能碰到出租车，但一辆都没有，可能出租车司机也都封建迷信早早回家了。

一个拐角，阿俊看到不远处有一个村庄，他赶紧跑过去一看，是一处比较复古的“城中村”，而且村口还立着一个木制的门牌，上面写着“霍家营”。

霍营以前确实叫霍家营，他想着可能是当地的居民便走进去求助，没想到里面的人竟然都穿着古代服饰。这些人光着上身，头上绑着绳子拍打着胸脯跳着奇怪的舞蹈。仔细一看两排放置着无数个竹条和纸糊成的柱型灯，灯后面插着旗帜，一排排的像是摆阵似的，中间一个方形木制桌，上面除了放着贡品，还有一些奇怪的纸人、纸马……

3.

阿俊初步判断是霍营的乡亲搞民俗活动，他不能随便打扰，于是继续走过去看看有没有可以交流的人家。

果不其然，一户人家张灯结彩开门迎客，像是刚举办完婚礼。他走了进去，迎面走来的是一个老太太，走近一看竟然是地铁遇见的老太太。他诧异了一下，正想说点儿什么，老太太便热情邀请他进来喝酒庆祝节日。阿俊盛情难却一杯酒下肚，问老太太附近有没有车送他去北苑？

老太太愣了一下，反问是不是北园？

阿俊想着可能口音差异，点了点头。老太太笑了笑说：“住在那儿的都是富贵人家啊！”

住那里的怎么会是富贵人家？阿俊愣了，不过随后也理解了，可能老太太误以为他在那儿买的房子，北苑也有很多别墅区。阿俊笑着说：“阿婆我不是富贵人家，我是北漂，住合租房。”

老太太疑惑，阿俊觉得她可能不明白合租房，继续解释说：“暂住别人家……那个，寄人篱下。”

老太太听明白了，继续说：“不过那么晚没车路途又遥远，晚上是霍家营一年一度的节日，过来的客人我们都会热情接待，干脆就住下明天一早叫马夫送你走。”

阿俊摆了摆手说：“还是别给您添麻烦了，方便的话还是帮忙叫下车，我会加倍付车费。”

老太太叹了叹气说：“那好吧，我让女儿去叫，不过今天是霍家营的节日，好酒好肉你可得多吃点儿。”

阿俊盛情难却，只能坐下来边喝边陪老太太聊着天。这时他仔细地看了下老太太，这是一张慈祥的面庞，很和善，只不过眼睛里透着一股神秘的气息，像是小时候看过的什么，他一时也想不出来。

老太太说：“今天是‘普度节’，我们邀请四方的客人过来吃流水席，来得越多这家就越有福气，邻居来了很多客人，风风光光，就我们家老头去世早，客人都不来捧场。”

说完老太太露出一丝惆怅，阿俊连忙说：“阿婆你放心，我多吃点儿，多喝几杯，给你带来更多福气。”

说完老太太又叹了口气：“福气，最大的福气就是我女儿能嫁出去。”

阿俊愣了一下，其他福气好说，这个可不能随便答应，万一她女儿是丑八怪岂不是……就在此时，后屋飘来一阵姑娘的香气。

4.

阿俊转头一看，正是一名妙龄女子踩着风伴着雨而来。

老太太介绍这是正是自己嫁不出去的女儿碧琚，阿俊傻了。像这种大自然鬼斧神工造出来的女孩子还嫁不出去，那上帝真的是一个同性恋。不过他不能流露出一脸嫁不出去就归我的花痴态，于是开始一本正经地跟碧琚胡说八道起来。不过碧琚只是笑，并没有说话。原来，她是哑巴，难怪老太太发愁。

此时阿俊突然“段子手”附体，把这辈子所听到过的好笑的梗都说出来逗她开心，两人你一杯我一杯的，他都忘记了回家的事。恰好老太太又说马夫已经睡了，实在不行就住在偏房，明天再走。

美女在旁，又喝了点儿酒，阿俊更是盛情难却，于是更贪了杯。

酒过半巡，他忽然想到小时候听过的一个故事：一个赶考的书生深夜了还没走出深山，又饿又冷。此时，他忽然看到山头有户人家，他赶紧跑过去讨点儿吃的，没想到恰好遇到这户人家杀鸡过节，于是就跟主人一起喝酒吃饭。后来喝多了，主人说自己女儿还没结婚，叫过来一看竟然是一个大美女。几番交流，主人决定把女儿嫁给他，而且当晚拜堂成亲入洞房……可是醒来时书生发现自己竟然睡在坟头，再看昨晚吃的东西，竟然是一些早已生虫子的供品……

想到这里阿俊看了看周围，好像不太对劲儿，怎么那么荒凉，不会真在坟地吧？他晃了晃头镇定下来看了眼桌子，上面竟然……竟然爬着虫子，阿俊瞪大双眼直接狂吐起来。

5.

正当狂吐的时候阿俊惊醒，站了起来，哦，原来刚才是做梦，碧琚过来拍着他的后背，用手帕擦拭着他嘴上的污迹并且找来温水给他漱口。

这美女殷勤，对于长期跟心相印过日子的阿俊来说，心直接酥了。甚至那一瞬间他都不在乎她是一个哑巴，真想把她娶回家。

“如果你不嫌弃碧琚，我就将她嫁给你。”老太太突然说。

阿俊诧异，这话是说到他心坎上了，而且还那么及时，他有点儿不知所措。

老太太说霍家营有个传统的婚嫁风俗，就是在普度节被留到凌晨的客人只要喝完霍家自酿的三壶烈酒不倒，他们就把女儿嫁给他。

因为留到凌晨算是对男方的认可，硬着头皮喝了三壶酒就是玩命也要娶了女方。听到这儿，阿俊忽然觉得这真是冥冥中注定的姻缘，醉醺醺的他答应了这个婚事。在老太太的主持下，两人简单拜堂成亲并且进入洞房。

碧琚的房间特别复古，有点儿像他曾经去苗寨看到的供游客观赏的闺房。不过有些女孩子就是比较文艺复古，阿俊也没多想，迫不及待拥她入床，对于大旱三年的他来说，没有什么事情比这更重要。

不过当两人躺在床上看到碧琚那么顺从时，阿俊忽然又清醒了一点儿，怎么可能有那么好的事就砸他头上呢？而且碧琚只是看了他一眼就对他那么好，还当晚就洞房了？这也太快了吧，是不是有什么阴谋啊？

还是她们想割自己的肾？不过为了割肾以身相许这也太大动干戈了吧？

6.

阿俊试探性地把所有疑惑都问了。没想到碧琚一个劲摇头，摇着摇着就哭了出来。他突然有种欺负良家妇女的感觉，赶紧赔礼道歉。

碧琚还是委屈地哭着，阿俊哄了半天没有效果，于是凑过去吻了她，没想到这一吻她不哭了，闭上眼睛静静等着他的光临。

阿俊开始脱她的衣服，一件件解开，解开她的防备，一件件整齐放置在旁边。他看到了洁白无瑕的胴体，就像是桂林山水一下子出现在眼前。随后阿俊也脱了自己的衣服，然后慢慢进入她的身体，就像是春天住进桃树里一样，一次次吹拂便开出了美丽的桃花；春季过后他仿佛又进入夏季，一个人推着一车酒双脚使劲吃力地上了拱桥，然后靠在桥头美滋滋地喝上一盅；突然又是一阵秋风，他在草地里感觉到秋天的落叶落在他身上、腿上，一片一片起伏飘荡着；当他坐起来时像是进入冬季，他环抱着一个火炉在冰冷的雪地上感受着这份温存，全身开始冒出汗，所有的血液就像是要被火炉吸走一样，突然他看到了雪山上冉冉升起的太阳……

欢愉过后阿俊搂着碧琚聊着天，碧琚好奇地问阿俊割肾干吗？

阿俊说：“换苹果。”

碧琚不解，阿俊说：“手机啊。”并且拿起自己的苹果手机给她看，碧琚把玩了一下，竟完全不懂。

阿俊傻了，竟然还有人不知道苹果手机，难道自己穿越了？他正想问时，碧琚笑了笑说：“我煮点儿夜宵，你吃吗？”

“夜宵？好啊。”阿俊兴奋回答，不对，阿俊忽然发现有些不对劲……碧琚不是哑巴吗？怎么会说话？

因为刚才两人是躺着抱在一起并没有看到对方开口，阿俊突然坐起来看着碧琚。

他还没来得及开口问碧琚张开了口，这是一张狰狞如狼的大嘴，就像是一朵巨大的食人花。阿俊终于明白她一开始为什么不说话了……他尖叫起来，就在此时整个大嘴咬住了他的头颅。

7.

“啊……”

阿俊狂叫着惊醒。他惊讶地发现自己还在车里，原来刚才的一切只是梦。

奇怪的是叫醒他的依然是梦里的那个魁梧的男列车员，列车依然只剩自己一个乘客，他坐的还是末班车，同时还是到霍营站的区间车。阿俊有点儿心慌，该不会噩梦成真吧？

下车时阿俊一脸委屈地跟列车员说：“求你了，别赶我走。”

列车员一脸不明所以，他嘴角抽搐了一下继续说：“要不你跟我一起走。”

“一起你大爷，赶紧滚。”

阿俊被吓得赶紧跑出霍营站，他边跑边想着不会到外面依然没人，然后又走到“霍家营”，然后又遇到老太太吧?

他真不敢继续想，而且手机还没电了，怎么办?

犹豫了会儿，他还是试探性地看了看站外，让他欣喜的是外面灯火通明，有很多黑车司机不停朝他挥手着，嘴里说着昌平、昌平……

阿俊头一次觉得黑车司机跟亲人一样亲，于是选了一个看起来阳气十足的司机送他回去。

终于到家了，阿俊打开门，客厅亮着灯，椅子上坐着一个老太太，阿俊吓了一跳。

而且这个老太太竟然是之前遇到的那个!

8.

阿俊尖叫起来，老太太也被吓到了。他正要跑开时老太太说自己是房东，别把她当小偷。

阿俊镇定下来，掐了掐自己的脸，发现是疼的，又看了看地上，老太太有影子，不是鬼。随后放下戒备跟老太太表达歉意。

老太太说过来收拾下房间，拿点儿老东西。

阿俊在看了一眼老太太手上的黑色布袋，里面似乎装着一个方正的盒子。

是什么老东西呢?阿俊忽然想到骨灰盒之类的东西，内心一阵寒战，不过庆幸的是那天夜里他并没有打开房间，否则直接看到真不知道自己会不会瘆得慌。接着阿俊赶紧跟老太太点头哈腰寒暄一下回房间锁上门。

真是心惊胆战的一天，好不容易才把恐惧消除，刚好老太太也在外面喊着她要走了，阿俊连送都不敢送喊了句再见。老太太觉得这小伙实在很没礼貌，下次一定涨房租，关门离开。

又过了会儿，阿俊实在憋不住开门去洗手间。等他走出洗手间时忽然看到主卧门缝里有光亮，是不是老太太忘记光灯呢?

要不要去把灯关了，还是不用管。阿俊内心十分矛盾。

本着社会主义用马列主义思想武装自己万丈光芒的心理，阿俊还是硬着头皮去看个究竟。

他伸出手，准备先礼貌性敲敲门，免得里面有什么老东西不让他进入。

正要敲门的时候，阿俊发现自己的手指竟然抖了起来，他强迫自己镇定一些，自言自语说："这点儿事都怕算什么男子汉？"

终于落下手指，可偏偏此时，门自己打开了。

门缝里冒出来一张脸，阿俊吓了一跳，随后注意到是一个女孩的脸，而且是漂亮的脸蛋，他瞬间松了口气。

但是当他仔细一看，觉得眼前的美女很熟悉，像是在梦里见过。

擦，这个女子竟然是碧琚。

她笑了笑问阿俊："我煮点儿夜宵，你吃吗？"

远在眼前的她

1.

每个男人都希望自己有一段神奇的艳遇，石林当然也不例外，特别当他得知长跑了八年的前女友跟两个月前相亲认识的富二代结婚，他恨不得在马路上就被任何雌性动物强暴。

但是没有人会看得上这个一无所有的男人，连广场舞大妈也嫌弃他。石林喝得醉醺醺地往家里走去，由于是末班地铁，整个车厢里难得空荡荡只有一个人。

换作平时地铁都能把人挤成扑克牌，现在没人跟你抢座位反倒很不自在，不过真出现一个人也怪吓人的。即便是现在失恋得情愿被人生吞活剥喝醉的石林，如果真出现一个长发飘飘的美女过来勾引他，他真的会毛骨悚然。

列车还有两分钟到达，由于酒劲上头，他扶着柱子休憩一下，闲来无事四处瞥了一眼，也就是这无意一瞥，他看到月台尽头似乎站着一个长发白衣女子。地铁里的风吹来，她衣袂翻飞。

石林吓傻了，连忙摇了摇头镇定下来，再仔细一看没人。

难道刚才是幻觉？

2.

此时列车到达，石林没有多想就上了车，里面一片通明，一个人也没有。由于刚才的震惊，石林酒醒了一半，坐下来后再次确定刚才的“幻觉”，他探过头往车厢深处望去。妈呀，一个长发盖住面庞的女子真出现在那儿，完全看不清她的模样，不，而是她没有五官。

石林吓傻了，此时列车开动着他不能跳车，只能快速跑到第一节车厢，毕竟那儿离司机最近，有个人好壮胆。但是，他眼前的车厢连接门却打不开，就在此时，他感觉到有人拍了一下他的肩膀……

小时候石林听老人说，晚上的时候如果有人拍你的肩膀叫你名字时千万别回头，一回头魂马上被勾走。想到这里他吓得闭上双眼求饶：“姑奶奶嘴下留情，我还没结婚，还是一个处男，饶了我吧……”

此时传来一阵清脆的笑声，石林觉得有蹊跷，睁开双眼回头看了看，虽然喝醉酒眼前比较模糊，但是依然能看清是一个干净的女子，她有着薄荷味般的面容。

那么漂亮一定是厉鬼化的，于是他继续求饶着：“贞子姐姐，求求你放过我吧。”

“我不是贞子，我只是想告诉你，手机落椅子上了。”

说完女子递给他手机，石林嘴角抽搐一下，可能刚才太害怕忘记拿手机了。

他弱弱地问了一句：“你真不是贞子？”

“要不我打你一巴掌你看看疼不疼，疼就不是了？”女子笑着说。

“不用不用，我自己打就好。”说着石林真的打了自己一下。

接着酒劲儿，石林多问了几个问题，原来刚才的“瞬间消失”是她看到地上有垃圾，然后捡起来去旁边的垃圾桶丢掉。石林不承认自己看走眼说：“反正你长那么漂亮一定有问题……”

看着眼前这个有点儿醉醺醺又有点儿可爱的男人，女子情不自禁又笑了起来……

到了青年路站，虽然失恋的石林想借着酒劲儿疯狂一把，心里筛选一百个撩妹的段子，最后说：“我到了”。

说完就傻了，没想到她说：“我也是这站下。”

两人出地铁后一直往北走着，北京带有重雾霾的夜晚看不到星光，却有一种咸湿的味道。他想着那么漂亮的女子该不会住“小悦中心”吧？该不会是韩国的工业品吧？

他问：“你是哪个小区呢？”

“华纺易城。”

一个小区！更让他惊奇的是两个人竟然是同一栋楼，进电梯后石林按了十楼，这女子没有按，只是笑了笑。

石林也笑了，这世界真的很奇妙，真是上天在眷顾他。

十楼到了，石林走出电梯时随口问了一句：“你是02房间的邻居？”

女子疑惑了一下说：“不是啊，我是01。”

怎么可能？01房是自己的啊，而且这是单人公寓，这怎么回事？

石林回头看了一眼，电梯里竟然空无一人！

3.

隔天清晨，酒醒后石林回想起昨晚那段奇妙的“遇见”，他似乎觉得那是一场梦。

但是那个美妙的女子不停地回荡在他的脑海里，石林更像是《天龙八部》里的虚竹在梦幻里爱上梦姑一样，他发疯似的连续做了一个礼拜的末班车试图再次找到她，但是几次都被保安轰出地铁也看不到她的踪影。难道真的是一场梦？

又是一个周末，石林又大醉一场，当然，这次除了过来问路的大妈，醉得一塌糊涂的他没再遇见谁。

吐完后石林看了看手机，非常后悔当晚没有留下她的微信，留下了就知道是不是梦了。不过如果她真在这个小区，是不是也会开始查找附近的人？想到这里他赶紧打开附近的人，一个个排查着。

结果并没有一个是她，正当他要关掉微信时忽然有人跟他打招呼，他当然不愿意放弃任何一个可能的机会赶紧通过申请。结果这个网友朋友圈没有照片，除了头像能隐约看出她是一个女人外，没有任何信息，石林有些失望，简单聊几句说有空约一起吃饭。

令他意外的是这个女网友竟然主动说晚上过来。

石林傻眼，难道现在约炮廉价得跟岛国片一样都不需要任何前戏？

他担心是一个陷阱正想委婉拒绝，结果女网友说她到了正要上来。

她怎么知道自己的住址？石林百思不得其解，难道这是微信的BUG？不过即便是能查到附近地址，但是哪个楼她能知道吗？

就在此时，门铃响起。

门口出现的竟然是那天晚上遇见的女子，确切说除了是短发外，一切跟那晚的女子一样。

短发女子一坐下来就抱怨中介太可恶，怎么连这个空档期都要另外找一个租户。石林听得一阵莫名其妙，因为他已经在这里住了一年多了。

随后她的问题更让他纳闷，她问：“不是约了大家周末一起在家里话题聚餐吗，都这个点了其他人怎么没到？”

什么话题聚餐？还有其他人？今天也不是周末啊，而且都几点了，石林当场就蒙了。

女子看他没答话，就去了洗手间，石林傻坐着想着这一切，等她出来再问个明白，但是等了半个多小时都没见她出来，叫了几声也没人答应。

该不会是晕倒吧？他赶紧拿来备用钥匙打开洗手间的门，结果里面没人。

4.

如果第一次消失是喝醉酒做梦，那么第二次消失找不到另外的理由吧。

石林怎么都不敢住这个房间，联系中介退房子又不能退押金，于是只能一头闷进宾馆里候着，都快把自己搞成神经病了。死党欧洋以为他还在失恋档期里走不出来，死活拉他出门，带他去撩妹。

欧洋选择的猎场是：别人的公司联谊聚会。用他的话说酒吧里都是伪装好的啤酒妹，你以为撩到了其实是你自己上钩了。但是石林根本心不在焉，反倒是欧洋原本给他打个样，自己却越玩越嗨无法自拔，石林自己坐在一旁喝着酒。

“你好。”一女子坐到他旁边问候。

石林转头一看，竟然是她，长发的她。但是他突然不知道怎么开口，他完全搞不清楚眼前这个女子是谁，会不会一会儿又消失，然后众人又把他当神经病。

没想到的是女子主动问：“之前我们是不是在地铁里碰到，然后一起走回家？”

什么？石林诧异地看着她，原来她记得啊，那之前那个短发女子呢？

他赶紧追问：“你前阵子是不是剪过短发，很短，然后去过我家。”

她纳闷儿了一阵，随后摇头笑着说：“除非我有一个失散多年的双胞胎妹妹。”

那个短发女子是谁呢？

石林又问了几个问题，但是眼前的长发女子根本不知道，不过可以确定的是，她就是地铁里邂逅的那个女子。由于房间内太吵，两人到外面边散步边回忆之前的偶遇。关于在电梯里的消失是石林喝多认为她也跟着上楼，那天晚上她没有进电梯而是去了医院。

“我叫石林，还没问你叫什么名字？”

“我叫聂小倩。”

“什么？”石林诧异。

“跟你开玩笑的，我确实叫小倩，不过不姓聂。”

“你是每次都要吓我一下才罢休是吧。”

两人都笑了，继续顺着南锣鼓巷的胡同散着步。也许是夜色太过迷人，也许一切太过真实他不想让梦溜走，石林情不自禁牵起了小倩的手，小倩看了他一眼竟没有挣脱。

到了烟袋斜街，石林心想，现在一定要想尽一切办法留下她的联系方式约她下一次见面。就在他犹犹豫豫的时候，小倩看了下时间说急着去医院。

眼看她又要离开了，石林急中生智赶紧说：“有没有兴趣参加话题聚餐。”

“嗯？”

话题聚餐是之前那个长得像小倩的短发女子说的，石林不知道为什么现在会拿出来当借口，于是硬着头皮说：“我每周都会在家里组织一次话题聚餐，邀请一些朋友过来讨论，不知道你周末有空没？一起过来参加。”

小倩迟疑了一下，点了点头并主动交换微信号，但是因为信号不太好迟迟没通过。

小倩说：“没事，反正你的号很好记，网络好了我加上，我先走了。”

说完她匆匆跑开，石林看着她远去的背影又看了看手机微信等着她通过验证。

石林回到活动现场，欧洋过来表达把他冷落在沙发上的歉意。

石林说：“没事，我刚好跟之前和你提到过的那个女生出去散步聊了会儿天。”

欧洋傻眼：“你出去散步聊天？”

石林点头。欧洋说：“难道我看花眼了，你不是一直坐在这里发呆？”

石林更是傻眼，突然不知道怎么跟欧洋解释，难道刚才遇到小倩又是自己幻想出来的？

5.

石林确认自己是精分了，辞职后一个人躲在房间里。

又是一周末，百无聊赖的石林一个人看着手机发呆，门铃响起。

难道是她？

石林迫不及待去开门，是欧洋带着食材和酒直接在家里做饭聚餐陪他过周末。

他很是感动，热情地招呼进门。此时，卫生间的门忽然打开。

石林吓了一跳，难道整个房间里不是自己一个人吗？怎么还有另外一个人，更让他傻眼的是出来的人竟是小倩，确切说是长得像小倩的短发女子。

她说：“刚还在问其他人怎么迟到，人就到啦。”

石林问了下欧洋：“你能看到前面的女生吗？”

欧洋点头。石林松了一口气，那小倩就不是幻觉，自己就不是精神分裂了。

但是她怎么突然出现在洗手间？不对，她之前也突然消失在洗手间。

石林还没想清楚时欧洋说：“怎么不给兄弟介绍一下。”

石林犹豫一了下，指了指短发的她说：“小倩？”

她点了点头说：“当然是小倩，你还以为我真叫聂小倩啊。”

介绍完后大家开始忙碌起来。石林细细一想却觉得有些蹊跷，之前长发小倩否定过自己剪过短发，并且没有双胞胎妹妹，也就是长发小倩和短发小倩是两个人。但是“聂小倩”的小玩笑，包括“话题聚餐”这个小谎言，怎么这个短发小倩知道？难道是她故意在欺骗什么？

欧洋也很识趣先离开。石林迫不及待发问短发小倩：“你是不是有个失散多年的姐妹？”

短发小倩不耐烦地回答：“这个你上次不是问过了吗？”

“哪次？”

“就是公司活动，我们第二次见面互加微信那次。”

“那明明是我们第三次见面，第二次是在这里，你短发；第三次换了联系方式而且那时你明明说你没剪过短发，这个怎么解释？”

短发小倩似乎有点儿不开心，大声说：“我也不想剪啊，谁愿意把长发剪掉……而且什么第二次第三次，搞不懂你在说什么。再见！”

说完她愤愤走开，看到她生气的样子石林也不好再跟她对峙，虽然内心有很多疑惑，但是他依然说：“那我送你回家吧。”

“送我回家？”

“嗯。”

“我就住在这儿。”短发小倩说。

石林听不懂，回头看了看房间，又看了看她，到底怎么回事？

“不信？”她反问。

石林愣住，短发小倩拿出钥匙，然后插进门锁，果然是房门的钥匙。

“到底怎么一回事？”石林问。

“我也想知道，为什么我才离开两个月你就住这儿了。”她反问。

“离开两个月？我已经在这里住了一年多了。”石林说。

“一年多？怎么可能。”

石林看了看手机日历，随后说：“没错啊，现在是2016年5月，我是2015年年后搬来的……”

“你说现在是什么时候？”

“2016年5月……”

短发小倩脸色突变，看了看自己的手机日历，慌张地说了一句：“怎么可能，怎么可能？”

说完她突然转身匆匆跑开，石林不解，快速追了过去，然而一个拐角，她却消失得无影无踪。

这到底怎么回事？

6.

从那以后石林彻底疯了，因为他自己也无法解释自己喜欢上的到底是谁？

他整天在地铁里守候到末班车，窝在洗手间里等小倩出现。想念她的时候拿起笔画着她的模样，转眼大半年过去。

又是周末，石林等完末班车又回到房间，里面依然一片平静，小倩还是没出现。

不过他似乎发现了一些不一样，墙上多了一个字——你。

更让他诧异的是又出现了几个字：

你还好吗？

by小倩

这到底怎么回事？

“我很好，小倩你在哪，你赶紧出来？”石林疯狂喊着。

可是喊了半天依然没人回应，石林扫掉桌上所有东西疯狂找着，但是依然找不到任何踪迹。他嘶吼着摔倒在地。

此时，墙上又出现一行字：

我想你了。

By小倩

2012.11.20

2012年？这到底怎么回事？

石林打电话叫来了欧洋，他想了个办法，把画像发到网上寻人启事，结果却得来一个震惊的消息：小倩三年前就去世了。

随后两人一起去调查才知道，小倩四年前确实租在这个房间，但是后来得了癌症只能住进医院。

理工男欧洋觉得一切太神奇了，赶紧查阅资料并在各大平台发布问题寻求解释这个奇怪的现象。后来他看到一个匿名回复：2012年和2016年分别是罕见的天文现象“金星凌日”和“水星凌日”，就是在某些特殊时刻，地球、金（水）星、太阳会在一条直线上。当三个星球在同一直线时将会引起磁场突变，造成两个时空交汇。这也就是为什么2012年的人可以到2016年里时空旅行。

也就是说2012年的小倩和2016年的石林两人在地铁里偶遇、活动上交换联系方式、参加周末“话题聚餐”是两个时空的交集，但是每次交集并不是按正常时间轴发生，而是随机交集，再加上小倩去医院理疗剪掉头发，结果造成两者之间的“误会”。

石林，我喜欢你，但是对不起。

小倩

2012.12.20

石林看着墙上思念的字不断增加着，却无法回复。对于他们来说，虽然他们只隔着四年，却是两个时空的距离，仿佛前生今世千年之遥。石林很想告诉小倩，他也想她，他很喜欢她，但无从入手。

如今，他更期待哪一天小倩能再次出现在面前，哪怕只有短暂的一秒钟，他依然愿意为此付出一切。但是现实告诉他一切都不可能了，现在已经是2016年底了，按照2012年的时间表，小倩早已去世，一切已成定局。

不过石林并没有堕落下去，每天都工作到很晚，然后赶末班车回家，年复一年却依然坚持着。对他来说就算只有万分之一的可能性，他依然不愿放弃。

但只有欧洋知道下一次天文现象是几十年后，石林等不起。

又是周末，石林约着欧洋喝得酩酊大醉，欧洋沉默了很久还是对石林说：“对不起。”

石林不解，欧洋说其实那个周末他并没有看见小倩，当时怕石林精神崩溃，再后来将错就错希望治好他的病。

没想到石林摆了摆手说他已经不在乎了，继续喝酒。

欧洋无奈恍恍惚惚去洗手间小解，他刚准备掏枪时忽然听到旁边有女生尖叫的声音，转头一看，竟然是她……

失忆十年

1.

小玲是一个最普通不过的职场员工，平时过着朝九晚九、三点一线的北漂生活。

对于过了二十五岁依然单身的她来说，最大的愿望不再是幻想嫁给高富帅，而是如果有男人向她求婚她立马就答应。然而根本没人向她求婚甚至连公狗也不再对她吼叫，更悲伤的是公司裁员她第一批被裁掉。

前阵子在工厂谈业务，化学毒气泄漏她差点儿就挂掉，没想到公司没有补偿竟然要裁掉她！

其实她知道真正原因是，近四十岁已婚的吴总监经常对她献殷勤，但她从来都不就范，于是被穿小鞋。

被炒鱿鱼的当晚，小玲怎么也睡不着，一个人跑到天台上喝啤酒。她在想自己无非想谈一场靠谱的恋爱而不是当别人的小三，为什么那么难？

看着华灯初上的城市，质问着自己为什么要来这座工作了多年却依然找不到归属感的地方。

而现在即便是想离开却怎么也回不去了，小玲拿着啤酒走到天台边缘，其实她是有恐高症的，但是她依然鼓起勇气看了一眼楼下。

她在想如果跳下去能改变一切就好了，就像是穿越小说里一样她穿越到古代附在一个公主身上，过几天就要嫁给一个素不相识的将军，然后全家人都认为她是暂时性失忆……

但是穿越这种事都是哄哄没见过世面的少女，小玲当然不会傻到真的跳下去。

她喝了口酒准备转身离开，但是忽然一只手推了过来，她整个人直接掉下去，那一瞬间小玲瞥了一眼背后的人。

黑夜下她忽然看到一条白色的布像是幽灵一样飘过……

2.

再次醒来，小玲发现自己在一个密闭的病房内，全身软绵无力。

一阵脚步声传过来，她仔细一看，嘴角骂了一句：靠。

这人虽然变得苍老了些，但她依然记得他的嘴脸——吴总监。

吴总监倒了一杯水递过来，然后温暖地说：宝贝醒啦，起来喝点儿水，乖！

对于这种“殷勤”小玲顿时觉得很恶心，反正现在她也离职了，再也不用忌惮什么，厉声说：你要不要脸？你那么随便就叫别的女人宝贝，你还对得起你老婆吗？

吴总监愣了，说：宝……小玲你怎么了？我跟前妻不是已经在十年前离婚了吗？

小玲：你神经病吧，上周我还看她过来接你下班，还当着全公司人的面喊你老公。

吴总监一脸焦虑：不好，病情又恶化了。

小玲诧异：什么病情？是不是你把我推下楼，然后把我绑架到这里？放开我，我要是一天没给我爸爸打电话他一定会找我的，我爸爸是侦察兵出身。

吴总监：小玲你听我说，李叔叔已经去世很多年了，还有你是我的未婚妻，我们已经谈了很多年的恋爱，要不是两年前你被化学弹误伤，我们已经结婚了。

小玲想挣扎起来给吴总监一巴掌，但是怎么也起不来，破口大骂：你这混蛋东西，你神经病啊！

吴总监强按住挣扎的小玲，随后说：你现在病情恶化了，可能我说什么你都不信，你看看无名指上的戒指，那是我三年前给你戴上的。

小玲看了眼无名指，果然有一枚戒指：一定是你趁我昏迷时戴上的。

她愤然要摘下，却摘不掉，一使劲她忽然看到戒指里的痕迹，这痕迹很陈旧不是刚戴几天的颜色，小玲看过母亲的戒指，按这颜色应该是戴好几年了吧？

吴总监到底怎么做到的？

紧接着吴总监拿了这些年他们的合影照片给她看，然后又回答了小玲几个很私密的问题，包括她最喜欢的姿势，最后吴总监告诉她现在是2028年。

也就是十年后？天啊，小玲无法接受自己竟然失忆了十年！

3.

两个陌生却号称小玲的朋友出现在面前，一个是坐在轮椅上的士兵，名叫威利；另一个女的叫孙妍，医药学博士。

他们两人也是一起逃难，并在这里一起生活一年多的难民，他们证明了这个事实。

接下来几周，小玲发现吴总监变成一个温暖的老大叔，并逐渐接受他以未婚夫的身份照顾她，甚至同意让他帮忙换洗。

日子一天天过去，小玲接受了所有事实，身体慢慢恢复起来，只不过依然无力下床。

然而一次偶然滚下床，她从大厅的玻璃里看到自己的样子。按道理她现在已经三十多岁了，但是看起来依然是二十五岁很年轻的样子，这到底怎么回事？

小玲想爬过去看个清楚，但是吴总监很快过来把她抱上床，而且不忘关上门。

他不想让她看到什么吗？

小玲最后还是没有开口问，她觉得这一切一定有蹊跷。

那天夜里，趁着大家都在休息，小玲朝着上洗手间的威利挥了挥手，威利坐着轮椅进来。

小玲很快表述自己的需求，希望能坐着他的轮椅四处看看散散心。威利当然同意，于是两人更换了位置，小玲艰难地推着轮子。

防空洞不是很大，大厅堆满罐头架子，除了厨房和卫生间一共有五个房间，除去他们四个人的，还有一个房间是做什么的?

小玲怀着好奇心慢慢靠近最末尾的小房间，她刚打开那扇铁门时突然就响起一阵铁链敲击的声音。

接着就是一个披头散发的人扑了过来，小玲根本来不及躲避眼看就要被扑倒，谁知道那披头散发的人根本没法扑到这里，原来这疯子是被铁链锁在床边。

虚惊一场后小玲看了下这个疯子，从轮廓上看应该是女生，但她又怕有危险匆忙离开，谁知道那疯女子一直呢喃着什么，难道她是哑巴?

小玲顿时有点儿同情，凑过去一看，地上写着“快逃”。

小玲说：到底发生了什么?

疯女子又在地上写着：这里有变态杀人狂，他下药害……

写到一半的时候疯女子赶紧擦掉，小玲不解正要询问时轮椅忽然被一双手推开，她转头一看，原来是吴总监。

他拿着棍子厉声喝退疯女子，然后一脸紧张地把小玲推走。

训斥威利后吴总监开始跟小玲解释：这个疯子被生化武器感染了，她当时跟着逃入防空洞，我们不能见死不救，所以带她进来，但是孙妍尽力了还是治不好她，大家都不能被感染所以把她锁起来。

末尾吴总监严肃告诫小铃别再接触她，而这些话旁边的威利也全部证明了。

到底该信谁?

心中有太多疑问，小玲实在忍不住：为什么十年后我却一点儿都没有变老呢?

吴总监沉思了一下说：因为你也受生化武器的影响，也感染了一个怪病，除了昏迷、失忆你没有任何衰老的痕迹，这个我也搞不清楚，是医学博士孙妍得出的结论。

小玲：那好，且当这个是真的，我在这里憋很久了，我想出去看看外面的世界。

吴总监突然严肃起来说：不行。

小玲：为什么?

威利笑了下说：第三次世界大战开始了。

小玲诧异：第三次世界大战?

吴总监：是的，而且战败方使用了生化武器催生了很多丧尸，现在演变成人类和丧尸之间的战斗，我们已经躲在这个防空洞一年多了，等着人类部队的救援。

听到这儿，爱看网络小说的小玲发现自己并不是穿越，而是被科幻了……

4.

前面的失忆十年小玲还能说服自己接受，但丧尸这些仅存在美剧的生化人让人太难接受了。

趁着大家休息，小玲艰难地爬出去再次找到疯女子。疯女子在地上写着这是一个骗局，根本没有世界大战和丧尸，但是门口埋了很多机关，搞清楚再出去，疯女子还嘱咐她以后别吃药。

小玲再次陷入谜团，不过她找到一个突破口，就是偷偷把药倒掉，说也奇怪，一周后她的身体逐渐好起来，并开始能自己走路。

小玲心想难道疯女子说的都是真的?

趁着大家熟睡她再次去找疯女子求证，结果出现在她眼前的竟然是一具尸体……

吴总监和孙妍穿上特制的防毒服埋葬了疯女子，出来后吴总监说：她受不了感染的痛苦割腕自杀。

小玲一点儿都不相信，但是她又不能反驳什么。

此时她忽然想起疯女子说的变态杀人狂，原来吴总监一直都是披着羊皮的狼。

但是如何打破这个僵局?她又找到另一个突破口。

小玲趁着上洗手间的机会跟孙妍聊了起来，没想到提到疯女子的死亡孙妍也怀疑不是自杀，而是被下药产生幻觉所以自杀。

但是为什么偏偏这个时刻杀害她呢?

答案只有一个：防止秘密泄露，杀人灭口。

所有线索串联起来杀人凶手是谁再清楚不过，所有的失忆、世界大战只不过是一个骗局。

可小玲知道自己根本斗不过他，更何况其他人是不是帮凶她也不确定，唯一能做的就是逃跑。

防空洞只有一个出口，被一个小玲完全看不懂的铁门锁住。她看过《蚁人》，如果能制造出快速冷却到零下百度的气体就能让任何铁门破碎。

但是她化学一直很不好，这种高难度的化学反应她肯定搞不懂。唯一的机会就是——通风口。

但是吴总监像是知道她的计划似的，这几天寸步不离，甚至晚上睡觉他都会给她锁上门。

小玲：晚上睡觉为什么要锁我的门？

吴总监：这是为了你的安全考虑。

小玲：我能有什么不安全的？

吴总监没有回答，小玲知道安全只是一个借口，又说：我去洗手间怎么办？

吴总监：你可以喊我开门，好了，你早点儿吃药休息吧。

小玲拒绝吃药，吴总监有点儿生气，走过来端起水拿起药递给她，一脸威胁的表情。

对峙了会儿她还是接过药吃了下去，吴总监淡淡说了一句晚安就转身离开。

当然，小玲不会真的吃下药，此外她之所以僵持的原因是为了偷钥匙。

等大家都入睡后她打开房门，快速爬上通风口，管道不是很窄，身体刚好通过，她很快逃出防空洞。

外面的世界一片安静，甚至能听到很多虫鸣鸟叫，根本没有世界大战后的荒凉感，一切真的是骗局。

小玲深呼吸，快步向前迈去，此时忽然听到背后一阵脚步声，她转头一看，是吴总监!

小玲震惊，只听吴总监高喊：快趴下。

她怎么可能束手就擒呢？快跑还来不及呢，然而她怎么跑都跑不过吴总监。

他赶上她直接将她扑倒，小玲想起来却被他死死按着。

小玲：你想干吗？

话刚说完只听一阵爆炸声，身后几米处爆炸开来，小玲慌了，到底怎么回事？

5.

回到防空洞，吴总监解释了爆炸的缘由。原来他们所处的地方其实是占领区，这里布满了自动识别身份的炸弹，所以只要我军没过来收复，他们一出去即便没碰到部队或者丧尸都会被消灭。

小玲将信将疑，但又不能反驳什么，自己确实被救了，她也找孙妍求证了，第三次世界大战后整个地球都充满危险，这也是她为什么躲在这里一年多等待救援的原因。

小玲问：那没有世界大战的一年前，你在做什么呢？

孙妍说：在上海的一个医科大学读博。

小玲：上海？我失忆这段时间有跑去上海吗？我们在上海认识的吗？

孙妍笑了笑说：不是，我们是在逃亡西北的路上认识的，不过这一年多你一直处于昏迷状态，所以我们交流得比较少。

小玲疑惑：那你是怎么知道我那么多秘密？

孙妍也愣了：吴总监告诉我的啊，难道有错？

吴总监说的？难道一切都是他的谎言，有没有可能他并不是自己的男朋友？所有一切都是为了得到自己？

女人是永远都没有安全感的生物，所以她们最容易统一战线。小玲跟孙妍说了疯女子死前的话：这有可能是一个骗局。

两个人决定联合起来查探真相，但是要从何入手呢？小玲完全没有头绪，孙妍思考了一会儿说了一句：催眠！

是的，她可是医药学博士，通过药物催眠一个人，然后找出最真实的答案对她来说并不难。

果然，所谓的自动身份识别炸弹只是他的一个小设计而已，吴总监也并不是她的男朋友，所有“证据”都是造假……

该怎么办？杀了他？

两个女人最后达成共识，三天内准备好所有装备，然后孙妍再次催眠其他人，她们则在天亮前一起逃跑，寻找附近的救援站……

小玲很快收拾好东西，在这三天内她尽量配合吴总监的安排，一想到要赶紧离开，她甚至没有拒绝吴总监的晚安吻。

躲过了几次怀疑，或者是她自己内心的作怪，终于熬到第三天清晨，小玲打开房门，却发现吴总监站在门口！

难道孙妍催眠没有成功？

怎么办，她们今天必须马上逃走。

吴总监：你还想再逃跑？难道你不知道外面有多危险，你不怕被炸死，不怕被丧尸吃掉吗？

小玲没有回答，她没有更好的方法，抄起旁边的一根铁棍直接往他头上砸去。吴总监倒下，她背着行李快速跑向孙妍的房间，却看见孙妍安静地躺在床上。

难道她忘记了时间？

小玲走过去一看，不对……她竟然没有呼吸。此时，头破血流的吴总监提着铁棍出现在小玲身后……

6.

小玲被锁在房间里，威利不明情况询问着原因。

吴总监：小玲害死了孙妍还想逃跑。

小玲被封住口无法解释，威利本来就是一个残废，能苟且活着就不错了，所以他也没想追究，看了一眼小玲后他推着轮椅去喝水。

入夜，吴总监拿着一把刀，搬好凳子坐在小玲旁边。他手抚摸着刀片，她吓了一跳。

吴总监：小玲别怕，我那么喜欢你怎么忍心害你呢？

说完他拿着刀在椅子上游走着，小玲拼命地摇着头。

吴总监：那么多年来难道我对你的心意你还不懂吗？我只想你留

在我身边，我们安静地过完这一辈子。

小玲还是摇头。

看到她还是摇头吴总监有点儿愤怒：你真的不感动吗？你为什么还不答应我，为了你我杀了我前妻；为了救你我带着你逃难躲避战争；为了治疗你我不得不跟这群人在一起建造这个防空洞；为了你，现在我又杀了两个人，待会儿我就杀了最后一个人，这样就没人打扰我们了。

吴总监看小玲一直想说话，他揭开胶带，小玲冷漠地说了句：骗子！

吴总监非常生气，拿着刀威胁她，然而小玲却突然无所畏惧一样盯着他看。

他突然下不去手，愤愤说了一句：好，那我就把威利拉过来一刀刀割给你看。

说完起身走出，小玲大声喊着：威利快跑，他要杀你！

可无论她怎么喊，睡得死死的威利根本没有听见，眼看吴总监迈入他的房间。只听一阵痛苦的叫声，随后跟着的是乱刀插入身体的声响。

小玲失声痛哭……

几分钟后，吴总监的脚步慢慢出现在她朦胧的泪眼里，满是鲜血的手托起她的下巴。她抬头看着这一张罪恶的脸，但是又那么模糊、那么多变，仿佛眼前这个人不是吴总监，而是一个魔鬼……不对，他似乎不是吴总监，他是威利。

怎么可能?

是的，他就是威利，他帮小玲解开绳索，但是他不是残废了吗？怎么能走路，难道残废是假的？

但无论如何她依然感谢他的救命之恩：谢谢你救了我。

威利笑了笑：谢我？不，千万不要谢我，我谢谢你才是。

小玲愣住了，才发现绳子并没有全部解开，她的手依然被反绑着。

小玲：你想干吗？

威利邪魅地笑了……

威利并没有封住小玲的嘴，而是让她尽情呼喊，他似乎很享受这个过程。

而她被绑在床上不能动弹，她完全不知道威利到底要干吗？

不过他似乎对她并没有兴趣，反而像是要解剖她。

从疯女子到孙妍再到吴总监，最后是威利，这一切到底是怎么了？

小玲完全猜不透，她当然也没心思猜，因为眼前的威利看似就要吃了她。

在密不透风的防空洞，即便外面真的发生世界大战也没人可以救得了她。

经过那么多变故，小玲似乎更加镇定了些，她问：你到底想要干什么？

威利：找宝藏。

小玲：什么宝藏？

威利并没有回答，依然是邪魅一笑给她注射了一针药剂，小玲很快就昏迷过去。

难道就这样死去吗？

再次醒来时小玲发现自己安然无恙躺在病床上，并没有被绑在床上，但全身依然虚弱无力，仿佛一切回到最开始，待会儿是不是吴总监会过来跟她说她失忆了十年？

然而吴总监并没有出现，出现的是孙妍，小玲彻底傻了。

原来那天催眠并没有成功，吴总监知道这个秘密就过来打孙妍。当时她被打晕产生短暂死亡状态并没有真正死亡，随后吴总监被假装残疾的威利杀害，等孙妍醒来时发现威利正要对小玲下手，于是她从背后一刀捅死威利。

此时，威利的尸体正躺在旁边。

孙妍说：现在就剩我们两人了，你先喝点儿热水休息一下，等我清理好两具尸体我们再一起离开这里。

说完她递给了小玲一杯热水，小玲喝了几口就躺下休息。

她看着孙妍清理着尸体，感觉自己全身越来越虚弱，越来越虚弱……

7.

再次醒来小玲发现孙妍穿着白色大褂戴着口罩和手套，像是在做手术一样，她转头一看，整个房间布满了仪器。

虽然没被绑着，但她发现自己完全动弹不了，只能虚弱地问：孙妍，我是得了什么病吗？要动手术。

孙妍没有回话，小玲继续问：我到底怎么了，怎么全身都没有力气，没有知觉呢？

孙妍依旧背对着没有答话，只是默默调着仪器。

她继续追问：是不是你给我的那杯水有问题？

孙妍迟疑了一下并没有回答，但是小玲已经知道答案：不是说好一起逃亡吗，你把我困在这儿到底想干什么？

孙妍反问：你还记得那晚在天台喝酒的事吗？

小玲恍过神来，她似乎想起那天被推下楼的瞬间，她似乎看到一袭白衣，而那人正是孙妍！

小玲完全找不到头绪：推我的人是你，为什么要害我？

孙妍放下工具，转过来冷笑说：其实不是你今天喝的水有问题，而是你一直以来喝的水都有问题，但是没想到那个疯女人会让你注意药水，所以我毒死了她。还有，老吴杀人的事是我骗你的，我并没有催眠他，只是让他看到你再次逃跑激起你们的对抗。至于威利，是我下药让他双脚麻痹造成残废假象，最后一天我把药停了就是要让两个男人自相残杀，无论谁胜出最后我都坐收渔翁之利。

小玲：这么做你到底是为了什么？

孙妍：为了你。

小玲不明所以，孙妍终于揭开了这个秘密，原来所谓的世界大战、一起逃难、一起并肩作战、失忆十年都是假的，原因是小玲是那次化学毒气泄漏事故中唯一的幸存者。

他们几个人都只是想获得她身上的抗体，所以联手编造了这个谎言，但是谁也没想到他们背后又有各自的雇佣对象，所以各自心怀鬼胎，最后演变成一场厮杀。

听到这儿小玲头脑一片空白。

孙妍从柜子里取出一瓶药水，又拿出一支针装满，然后揭开口罩笑着对小玲说：你放心，不会有任何疼痛，这针下去你将永远冬眠，就像进入天堂世界。

说完孙妍捋起她的袖子，针头慢慢插入她的手臂，拇指也正要推入药水。然而此时孙妍身上突然一阵疼痛，她低头一看，身上忽然渗透出鲜血，一只手术刀插入肚子里。

所有人不是都消灭了吗，还有谁？

孙妍怎么也想不明白，然而她再仔细一看，下手的人不是其他人，而是小玲。

此时，小玲坐了起来朝着孙妍冷冷一笑说：我之所以假装到现在就是想知道答案，谢谢你告诉我那么多，再见！

8.

逃出防空洞后小玲拼命跑着，然而跑了半个多小时后还是没走出这片森林，最要命的是她发现其实整片区域都是试验区。

此时地上有张报纸翻飞过来，她捡了起来，这是她那么久以来第一次接触到外面的信息，内容是2028年11月20日联合国正式宣布第三次世界大战爆发，里面有几篇报道提到合合国使用生化武器，联盟国正在努力寻找抗体……

小玲看着报纸笑了笑，自言自语说：这个骗局做得还真严密。

说完她丢掉报纸继续前行着，而在她的身后有几只丧尸正缓缓向她迈去……

双面神偷

苏青木刚完成一个任务马上就接到李慕白的重金邀请，其实他已经习惯了这些商贾望族的把戏，但是这次苏青木听到需求时却吓了一跳。

李慕白要他保护——白玉蝉。

之所以惊讶是因为李慕白的下一句话——柳随风要来盗走白玉蝉。

柳随风是神偷，虽然名气很大，但是竟然没有人见过他，所有人对他的印象就是一支三寸长的柳条。

按道理，现代的科技且不用说可以造铜墙铁笼、监控……他怎么可能从来没有失手过呢？

最关键的是他喜欢事前放一支柳条告诉物主他要来取东西，这不是明摆着给自己造陷阱吗？

但是他确实从未失手过，他要的东西一定在凌晨前盗走，哪怕他想要白宫里的机密文件，也准能取到，因为取不到他就不叫柳随风了。

李慕白补充说“已为苏先生准备好了酬劳五十万，如果能保‘白玉蝉’安全度过今晚，另外再有五十万。”

“我不要一分钱。”苏青木说。

李慕白惊讶。

“我跟柳随风一个是神捕一个是神偷，这场恩怨终究要了结。”苏青木说，李慕白也点了点头，随后他补充说，“不过我倒是需要你用本应该给我的钱请几个人和用一些设备。”

“请说。”

“第一人是毛警官。”苏青木说。

“行。”李慕白很爽快答应。

毛警官是一流的神枪手，有着非常丰富的搏斗经验。有这样一个几近无敌的人在场，想必柳随风再厉害恐怕也得服软吧。

“还有一个是杨博士。”苏青木说。

“他啊……”李慕白犹豫了一下。

“不行吗？”苏青木问。

杨博士是从德国学成归来的机械师，归国后参与了一系列防御工程设计。可杨博士身负重任，要请到他是非常难的，但是只要他到场，就算柳随风是隐形人都可以找得出。

“行，马上叫。”李慕白思索了会儿说。

“还有一个人。”苏青木说。

“谁？”李慕白问。

“董萱小姐。”苏青木说。

“你说的是歌星的董萱？”李慕白疑惑地问。

“除了她还能有谁呢？”苏青木笑着反问。

“难道她有什么……”

“请她过来就是了。”苏青木打断说。

董小姐她不会武功，不会机械，也不会侦查，但是她会唱歌，她是一个唱歌非常好听的女生，她的歌声能让人如痴如醉。如此的歌喉一定也能让柳随风痴迷，那么柳随风就会因为她的歌声被抓。

当然，这是不可能的事！其实请董小姐过来并不是她的歌声能抓住柳随风，她的歌声跟这件事没关系，因为她是苏青木的梦中情人，而且她总是拒绝见他。

“最后一件关键的东西，恐怕李先生拿不出来。”苏青木说。

“除了命我什么都拿得出。”李慕白说。

“我要的就是你这句话。”苏青木说。

“那你要的是？”李慕白问。

苏青木伸手指了指他裤裆。

“你要我这个？”李慕白惊讶地问。

“跟你开玩笑的李老板。我要的是你收藏的——盗梦八方盒。”

“盗梦八方盒？你怎么知道在我这儿。”李慕白更是惊讶地问。

“连这个都不知道你请我过来干吗？”苏青木笑着反问。

“好，如果能保证‘白玉蝉’没事，这古董盒子送给你也没关系。”李慕白说，他知道苏青木也是一个古董爱好者，因为很多次破案后苏青木仅仅要了些古董作为报酬。

“这古董可是西汉流传下来的啊，据说是闽越的巫师祷祝用的道具。你真舍得？”

“舍得。”李慕白说。

“那好。”

一切进展得非常顺利，杨博士设计出了一套完整的防盗系统，更没想到的是毛警官竟然派了二十来个持枪警员前来协助，看来柳随风此次插翅难飞了。

而白玉蝉呢？

苏青木有一个非常好的安排，它此刻正装在盗梦八方盒里，然后放在一个用防弹玻璃做成的小柜子上，柜子四周杨博士设计了360度报警的机关铁笼。铁笼外有五名李慕白的贴身保镖持枪守护，而且这个房子直接选在李慕白的保险库里，以前他就用这个房子来装他的资产，现在腾出来只放白玉蝉，因为这是一个绝对牢固的密室，只有一个大门，此刻毛警官正守在门口。

此刻李慕白叼着雪茄，跷着二郎腿如痴如醉听着董小姐的歌声，他显然对苏青木的安排十分满意。

苏青木淡淡地品了一口红酒，然后鼓起勇气盯着董小姐，可是她的目光永远只向着远方。他知道，她喜欢的人是柳随风。

“我先去下洗手间。”董萱下台休息的时候李慕白说。

他一离开，苏青木马上走到董萱身边。

“我知道你是被迫来的。”苏青木说。

董萱没有回话，于是他继续说：“你知道我很想你。”

“我不知道。”她很冷地回答。

“不，你一定知道。”苏青木说。

“为什么我一定知道？”她反问。

“因为我现在告诉你我想你了。”苏青木说。

她没有回话。

“没事的，今天我就要证明给你看，我才是真正值得你喜欢的人。”

“你以为就这些小把戏能拦得住他吗？”她冷冷地笑着。

听到她的话苏青木还是心惊了一下，但他依然笑了笑说：“其实，那些设备都阻拦不了柳随风，包括毛警官、杨博士，柳随风要是连这些小事都搞定不了就不叫柳随风了，这些我都知道。”

“那你还做这些无用功。”她嘲笑地说。

“但是你忘记了一个东西。”苏青木说。

“什么东西？”她焦急地问。

“就是盗梦八方盒。”苏青木笑着说。

没有人比她更了解盗梦八方盒，这曾是董家的传家宝。

“想必你比我更清楚这个造梦的盒子，只要柳随风碰到它，它就可以让他做一场梦，梦里他成功盗取白玉蝉，而梦完了后他就顺利被捕。”苏青木笑着说。

“无聊。”她鄙夷地说。

其实，苏青木还有一个目的没告诉她，如果盗梦八方盒能成功抓捕柳随风，同样能造梦让董萱接受自己，他真是一箭双雕。

“再有五分钟就到凌晨了，五分钟后你就不无聊了。”苏青木笑了笑。

她没再回话。

此时，李慕白面带笑意走回来，关于苏青木喜欢董小姐，而董小姐又有自己的心仪人，这个李慕白早已知晓。他当然也知道苏青木请董小姐过来无非是借他之力见一面，甚至事成后把盗梦八方盒“物归原主”求爱，为了白玉蝉李慕白当然也愿意满足苏青木。

是的，苏青木当然知道李慕白会那么想。

“好了，来都来了，董萱小姐要不再献上一首歌曲。”

“李老板真是泰然自若，一首歌完后就差不多该去看看柳随风长什么样了。”苏青木笑了笑。

“哈哈，有苏神探在这里，就是不看我也放心。”李慕白笑着说。

“那好，我们听歌吧。”苏青木说。

董萱还是上台了，也唱歌了，可是就在她歌声刚落下时刺耳的警报突然响起，随后便是毛警官大喊的声音：“风，风，风……”

“怎么回事？”李慕白问。

“快去看看。”苏青木说完连忙带着所有人往密室跑去。

“你们终于来了。”杨博士远远喊着。

“怎么回事？”苏青木焦急地问。

“刚才密室里突然刮来一阵风，然后警报就响了，可是我明明盯着不可能有人进密室才对，何况毛警官也守在门口……”

“好了别说了，我明白了，先进去看看。”苏青木打断说。

到了密室后李慕白颤抖地打开了“盗梦八方盒”，在盒子开启的那一瞬间他多么希望白玉蝉就躺在盒子里。盒子打开了——果然不出他所料。

东西还在，可是它只是一支柳条。

而白玉蝉，不见了。

“我的白玉蝉……”李慕白撕心裂肺地喊着。

“不可能……”很多人都不约而同地嘀咕着。

“我的设计不可能出错。”杨博士信誓旦旦地说。

“我保证没有其他人进过这个密室。”毛警官说。

没有其他人？不可能有其他人！苏青木思索了一下便立刻喊道：“快把那五名保镖拿下。”

“为什么？”李慕白问。

“如果没有人进密室又能绕过红外线，唯一的可能就是内部有人捣鬼，那么柳随风必然乔装成你的五名保镖中的一个。”

听到苏青木的话毛警官马上行动起来，他不愧是训练有素的特种兵，三两下便制服了那五个保镖。

可结果是他们真的是李慕白的贴身保镖。

难道他算错了？

难道白玉蝉就这样被柳随风盗走了？

……

苏青木独自一个人坐在密室反思着一切，他向李慕白保证一定会抓到柳随风。其实相比所有一切，此刻苏青木更在乎董萱，她离开了，骄傲地离开了，在她心里柳随风是无法战胜的，何况这次苏青木在她面前丢尽了脸面。

李慕白应付完门外的警察和记者后走进密室。苏青木想：现在全世界都知道白玉蝉被盗了，这次他的品牌又得再打折扣了。以前是东西被盗，然后他找不到柳随风，现在是在他的看护下被盗，看来他彻底输给柳随风了。

在这个封闭的密室里，只有李慕白听到苏青木的笑声。密室外的所有人都认为他们会哭，而且一定躲起来哭，最好躲在密室里哭，恰好他们俩也躲在密室里，只不过苏青木没哭，而是在笑。

苏青木笑着说："这次我彻底输给柳随风了。"

"你还笑得出。"李慕白责备道。

听到李慕白的话他反倒笑得更大声，在这种情况下能笑得如此大声的只有两种情况，一种是疯了，另外一种就是东西没被盗。

"你疯了吗？"李慕白生气地说。

"我没疯。"我笑着说。

"难道东西没被盗走？"李慕白瞪大眼睛问，他不敢相信东西没被盗走，这到底是怎么回事？

"不，真的被盗走了。"苏青木说。

听到他的话李慕白的脸马上又沉了下来，“那你真的疯了。”

“是的，我疯了。”

“你到底疯没疯？”李慕白有些怒了。

“是疯了……但东西不是被柳随风盗走的。”

“怎么说？我明明把白玉蝉放入盒子里，现在盒子里没白玉蝉了。”

“白玉蝉确实被盗了，确切地说是被我们自己盗的，这是一个局。”苏青木笑着说。

“我还是不懂。”

“我只不过把一支柳条放入盗梦八方盒里制造了白玉蝉被盗的痕迹，然后自导自演一场戏，最后嫁祸给柳随风。现在全世界都知道他盗了白玉蝉，警察必然要逮捕他，而柳随风也误以为有人冒充他盗取白玉蝉，也会拼命地找那个假冒的人，这样白玉蝉便是绝对安全了。”苏青木说。

“好，好，好……好方法，你小子连我也骗了。”李慕白兴奋地说。

“不骗你你怎么有那么好的演出呢？”苏青木也笑着说。

“真是一箭多雕。可是白玉蝉呢？”

“在盗梦八方盒的暗格里。”苏青木说。

“暗格？”

“是的，这就是‘盗梦八方盒’设计的巧妙之处，把东西放入里面盖上后东西会自动掉入暗格内，需要旋转盖子再次打开才能看到暗格里的东西。”苏青木说。

“原来如此。”

说完李慕白旋转盖子打开“盗梦八方盒”。在这种情况下他的心情一定沾沾自喜，这种失而复得的心情往往比刚得到更愉快，是的，他脸上的表情甚至可以用春光泛起来形容。可是，当他打开“盗梦八方盒”时脸色却骤然发紫。

苏青木连忙凑过去一看，只见里面依然是一支嫩绿、三寸长的柳条。

……

苏青木坐在办公椅上打开台灯认真地看着传说中的“盗梦八方盒”。

这次，他向李慕白保证即便是献出生命也要找回白玉蝉。但是白玉蝉还是被盗了，第一回是假的，是他自己设计的局，可是第二回却是真的，他走入了柳随风的局。

谁也没想到最后白玉蝉还是被盗走了，难道苏青木真的失败了？

他是不是要大哭一场。不，此刻他依然在笑，在这种情况下还能笑的只有两种情况，一种是他是疯子，另外一种是东西没被盗走。

苏青木肯定不是疯子，可是东西还是被盗走了，而且他必须还得笑。那只有最后一种情况，那就是东西是被他自己盗走了。

此时，苏青木像是玩魔方盒子似的翻转着盗梦八方盒，原本四四方方的盒子像是变形金刚一样自动翻转变形，随后慢慢打开。

一阵白光闪出，竟是白玉蝉。

苏青木嘴角扬起微笑。

在李慕白别墅里，他跟所有人说过，柳随风有可能乔装成保镖，也就是说柳随风也有可能乔装成任何人。

对，他就是乔装成苏青木……

她才不是一个坏女孩

1.

我一直认为她不是一个坏女孩，在今晚和她喝酒之前。

她是一个看起来令人怜悯的女孩，在校园的每个角落，她习惯于匆忙的脚步和昂贵的单肩包。

她很少说话，总是习惯一个人沉默成夕阳的一部分。课余时间她总在写东西，她曾经跟我说过她要考研，而我也只是在星期天看到她被人用轿车载走的时候，才偶尔怀疑她的话。

流言蜚语像苍蝇一样，围绕着她纸包不住火的故事，但我一直相信她只是简单地找了一份兼职，我甚至想那是老板自作多情，因为我相信她不是一个坏女孩，我一眼就喜欢上了她。

我把喜欢深深藏在心底，她是如此高贵，我仅仅是校园里一个再平凡不过的学生。她会找我陪她吃饭，因为她认识我、信任我，也因为我知道了她太多不为人知的故事却守口如瓶。

在今夜，我们在饭店的一个小包厢里吃饭，她点了很多瓶酒，她笑着说要把我灌醉然后强奸我。我当然当她在开玩笑，因为我并没有喝半滴酒，她自己却一杯一杯地喝。

她说她的酒量很大，能一下子喝三瓶，这我相信了，她的脸像是新娘出嫁时带的伞一样，撑开了一片红晕。我听说见酒脸红的人很能喝酒。

可是刚喝完一瓶她就叹气了，我笑着说："怎么了，不行了吗？"

她苦笑了会儿，说："我是不甘心。"

我迟疑了会儿，什么也没说。

"真的是女人因爱而性，男人因性而爱吗？"她晃了晃头说。

"此话怎讲？"我满是疑惑地问。

"就是说我们女孩子是因为爱才会上床，而男人是上床后才会懂得爱。"她很不屑地对我说。

我相信她是对的，但我无法理解她话中的意思，只是静静地看着她零乱而明亮的刘海……

"我们公司的经理喜欢上了我，经常约我出去看电影，我不知道该怎么拒绝……"她还是对我说了真话，即使我不想知道。

这种故事我在电视上见多了，我早已漠然，依旧是淡淡地看着她。

"我不想失去这份工作，况且我家里也需要钱，我一直都……"

她的话说得如此急促，像是一个美丽的谎言。

我试图设计一百个方案，解决她所有的困难，因为我知道她累了。

“我无法控制自己，起初只是想巴结他，我现在情不自禁……我发现我会毫无保留地把自己交给他，我发现他是一个可靠的人，我相信他能给我幸福。”她又喝了一杯酒。

忽然发现我的方案像是一张破旧的蜘蛛网，在强大的敌人面前，是如此不堪一击。

“爱情是没有年龄界限的。”我说。天知道我的话是多么敷衍，我告诉自己一定要拆散他们。

“他每次都送我回学校，也接我到公司，经常买衣服给我，陪我散步、看电影。对了，他最近感冒了，你说我该不该打个电话给他。”

我知道拆散他们是我一个幼稚的想法，我只是淡淡地回了句：“有必要打一个。”

包厢的灯光是如此明亮，明亮得好似我伤透了的心。

但她还是摇了摇头，双手抱住略显零乱而又光亮的头发：“他是因为无聊，我是因为寂寞才走到一起的，一旦这种感觉消失了，我们还是会分开的。”

我相信她说的话就像我认为她不是一个坏女孩一样，“那你是真心喜欢他吗？”我知道我问了一个很蠢的问题，这个世界又有几个人讲真心啊，是我太自作多情了。

我想此时昏黄的街灯下还残留着我无法扶起的身影，那可是我多年的期盼。

只是冬天一到，一切希翼都结成了坚固的现实，敲也敲不碎。

她笑了笑，用极其鄙视的眼神看着我，她右手握着酒杯，漠然地说："他有老婆了。"我猛地抬起头，"他还有个三岁的女儿。"她接着说。

我的眼神布满了死寂的气息，像是黎明前的墓地。

"但我知道他和他老婆早就没感情了。"她继续说。

我真的很想掀桌子，但我克制住了内心的火焰："你怎么知道，你不担心他欺骗你吗？"

"他的眼神告诉我……"她低下了头。

我还是会相信她的，就像我一直相信她不是一个坏女孩一样。

整个黑夜的空寂铺盖而来，在我的胸口，在她的眉梢。

她喝了一杯酒继续说："那回我们上床后，他告诉我的……"

我真的不明白她所谓的"男人因性而爱"到底是什么意思，我没有怀疑她的美好，却无法猜测她刘海下的故事。

我终究愤怒了，我站了起来，正准备离开这个漂浮着蠕虫气味的房间，她拉住我的手……我看见了，千真万确，而这只白皙的小手是我一年多来梦寐以求的，没想到今天如此轻易地握在我的手里，轻易得我误以为不是她的。

“我醉了，真的，亲我一下好吗？”

我看了看桌上倒下的两个空酒瓶，在我接受她喝两瓶酒会醉的事实时她紧紧地抱住我，紧得我无法呼吸。她亲吻着我的脖子和下巴，我至今仍读不懂我日夜期待的爱情竟是嘴对嘴的诠释，但我还是固执地认为她不是一个坏女孩。

房间的墙壁更加明亮了，像是此时的暧昧，充斥着死亡的惨白。

她轻轻抬起我的右手，而我的手指也如水蛇般游向她潮湿的草丛，之后我下身鼓起的勇气填补了她天生存在的空虚。那只是一个晚上的故事，在我的相信与不相信之间。

2.

我还是认为她不是一个坏女孩，我并没有在明亮的灯火下窥见那两座白皙的呼吸。

天亮了，我们各自忙碌各自的学习，那夜她没有喝下的那瓶酒收买了整个晚上的寂静，同样收买了搁浅在我口中的两个空酒瓶。

之后我在饭店的包厢里瞥见了她与一个长得和我如此相似的男子喝酒，她正给他讲一个美丽的故事。

我不知道该不该进去，或许我应该在旁边听她编织这个故事。

只见她喝下一杯酒说：“真的是女人因爱而性，男人因性而爱吗？”

那个男生，或者说是我，我说，满是疑惑地说："此话怎讲？"

"就是说我们女孩子是因为爱才会上床，而男人是上床后才会懂得爱。"她很不屑地对那男生说。又是这样的话，难道我们男生真的傻得如此可爱，竟又是如此天真？

那男子没有回答什么，像是上次的我，但是我们情愿继续听下去，可接下来我才知道故事的主角变成了我，但我不知道在她的嘴唇中，我是否进化成一个有女儿的经理。

"我们公司的经理喜欢上了我，我不知道怎么拒绝他。"她说。

那男生笑了笑，他天真地以为他还有机会，这真的太可笑了。"很简单，那就离开，拒绝他。"我靠在墙上，昏暗的灯光慢慢凋落，埋葬我沉默的过去。我想换我我也会那么说的，或许刚才就是我说的，我说："拒绝他……"

"可是，可是我不想这样，他帮我很多忙，而且我的工作是他给的。"她又说。

我还是相信她不是一个坏女孩，因为我此刻说不出话，那男子也沉默，不同的是今晚他喝酒了，我上次没喝。

"但是，刚开始我只是觉得我们是朋友，不想放弃这份珍贵的友谊。后来，他经常对我动手动脚，后来……后来在一个晚上，我们上床了。"她说，样子很无辜，相当的无辜。

我真想说你TMD的贱货，可是我开不了口，我怎么狠得下心呢？

何况我还是相信她不是一个坏女孩。那男子只是喝闷酒，和我一样，一句话也说不出。

“其实我是想离开他的，真的，你相信我吗？”她放下了酒杯，很是激动，像是所有人都要背叛她。她把手放在那男子的手背上，他没有缩手，我知道是男子都想拥有她那白皙的手，是如此可贵。

男子点了点头，安慰道：“相信。”

“可那个晚上，在一个包厢里，我又和他……”她收回了手，悲伤地说。

“那个晚上”“包厢”“我？”我认命了，这个故事的主角是我，可惜的是我没有女儿，我知道她会给我生出一个的，但不知道是故事的哪一段。

是男人都不会忍受这种场面，即使我相信她不是一个坏女孩，我依旧会选择愤愤地离开。那男子起身，没说什么，猛地喝下了一瓶酒就转身离开……

她拉住了他，她的手，白皙的。他的手，放在了她的胸前，却片刻失去了知觉，像是来不及接受手中这个水滴形状的现实，但是他毫不客气地伸入她的衣内，握住了这只颤动的兔子……

我不知道是她自己脱去了内裤还是他硬扯去她的防备，他们是在做爱？我怀疑眼前的一切，酒店的灯火充斥着我的瞳孔。

我知道现实总是背叛想象的，即使今晚灯火通明。她诱人的呻吟以及无力的残喘告诉我这是真实的。我没有过多的思考，踢开了门冲了进去，因为我相信她不是一个坏女孩。

当我成为包厢里的一个角色时我才发现刚才那男子已经不见了，真的不见了，而她呢？我呢？她还在，我也在，但是，她是和我交织在一起，我们使尽所有力气拥抱在一起，我们下面紧紧地连接着，我们融合在一起，诠释着大自然最原始的延续。

不可能，不是的，是我和她在做爱！刚才那个男子就是我。但是……我推开了她，穿起湿透的内裤。

我没有过多的流连，我只是买了一瓶那晚她没喝下的酒，而这酒无疑装满了她赤裸的虚荣和我们最潮湿的讽刺。

我还是一如既往地相信她不是一个坏女孩，在今晚我酒醉之后。

3.

夜，我光着身子半卧在阳台上，像是一条惊栗而疲惫的蛇。

我没有吸烟，我只喝酒，虽然我不是很能喝酒，但是今夜我注定要喝个酩酊大醉。我把喝酒看作对自己的一份摧残，或是残忍。酒下肚的时候像一条火蛇，从肮脏的嘴开始，燃烧到凝结着罪恶的肠子。我只是不断地喝酒，一瓶接一瓶，不是麻醉自己，而是想让恶心的酒插入我的心脏，直至我无法呼吸……

我试着不想任何关于她的故事。在这个谎言里我相信，相信她不是一个坏女孩，可是所有的伤口我该让谁来帮我缝补，今夜我卧在月光下，让光亮的阳台晒干我的痛苦……

凌晨两点多，手机响了，是她，还是她。“睡了吗？我在医院，很痛……”她说，言语中没有任何后悔的痕迹，只是多了些挽留。

我摔碎手中的酒瓶，我就知道她还是这个命，她终究会选择去打胎，可是到底是谁在她生命里种下这个罪恶的果实，又凭什么让我来承担，难道只是我一直相信吗？

可是我无法过多地抱怨，我只知道我会回到她身边。我穿上格子衬衣，顶着秋天刺骨寒风来到了医院……

“我知道你会来的。”她笑着说，她笑得竟是如此得意，仿佛我的到来只是为了满足她的自信，可现实也是如此，我仅是如此。

病房的白炽灯有点儿刺眼，像是洁白的骨头，湮没我所有萌生的醉意。她拉了拉白色的床单，像是掀开坟墓的大门。难道她在示意我坐过去？我心忖着。

我知道我没醉，我情愿她是那么想的，我走了过去，可是她却一脚踹了过来，正好踢在我腰上，这个地方曾被她紧紧地搂住。

“你……”我依旧没有狠心骂她，转过身愤愤地望着半掩的房门。

“后悔来了你可以滚……”她说。

我无奈地转过头，我想这个问题已经触及我的自尊，任何人都有一个底线，哪怕你永远相信的一件事。我看了看白炽灯，“那你自生自灭吧。”说完我径直往门口走去。

“等等，你给我回来。”她生气地说，像是一个任性的女孩。

我没有离开，笑着说：“还耍孩子脾气啊？”

“你说我该怎么办？”她头一次没有看着我说话。

“你说能怎么办，你到现在还有那么多精力折腾，你说呢？”我无奈地回答……

此时走进一个西装革履的中年人，奇怪的是这男子和我竟然如此相似，如果不是他胡须密点儿穿的是西装我真的以为是自己。

“滚……”她喊破了喉咙，但是那男子却没有后退的意思。

她拿起桌上的杯子砸向了他……

杯子落到了地上，碎了，像是破碎的月光，上面斑驳着血迹。我突然发现自己的头部很痛，很痛，手摸了下才知道是流血了，是杯子砸到我的头上。但是我想不通那么近的距离杯子怎么会砸到我呢？那男子呢……他早已消失得无影无踪，像是未曾来过。

啊！我怎么穿着西装？我清楚记得我是穿格子衬衣的，怎么是西装，我手摸了摸下巴，我的胡须长了，啊，那个男子是我吗？是吗……我乱了……但我还是相信她不是一个坏女孩。

“滚！听到了吗？”她又喊道，她的喊声引来了护士。

“好，我可以滚，但是孩子怎么办？打掉了吗……”我还是点破她最不愿提起的话题。

“孩子？”她笑了笑，笑得像是秋风一样竟是如此凄凉。“什么孩子？我的？你以为我来医院打胎啊，我只是生病了，听到了吗？滚。”

我是不是真的醉了？她不是打胎吗？不是吗？

……

我离开了医院，反复地思忖着：对啊，她没告诉我她是来医院打胎的。不过，她打电话给我时明明说是妇科医院，而且这个时候也应该是怀孕的时候。

我出了医院门口，回头看了看医院：XX附属医院。

原来我走错医院了，但却进对了一个房间，发生了一件不该发生的事。

她又来电了："到医院了吗？你想让我死在这啊。"

"我马上到，在路上。"说完这话我匆忙上了出租车，心里反复地想着要怎么让她把孩子打掉……

因为我相信她永远不是一个坏女孩。

然后我把手机放入格子衬衣的口袋内……

MPC爱情物语

1.

我是荣耀峡谷里的一只MPC，一只打架会跳舞洗澡爱唱歌的小蓝怪。

说也奇怪，本来我就是一只MPC，怎么还会讲故事？是的，我本来没有意识、没有思想也不会有灵魂。我每天都待在峡谷里等着玩家过来打我，然后他们获得经验、获得金币也获得短暂的技能提升，而我死后几分钟再次原地复活，等着下一个玩家过来跟我决斗，或者他杀了我，或者我干死他。

一切周而复始循环着，我只是一个代码生成的生命，按道理不能有任何察觉，可是我偏偏有了意识，我甚是怀疑是不是程序员故意把我改写成一个有故事的小野怪。直到碰到她，我才知道一切的秘密——我是这个世界里的一个BUG。

她是一个玩家，我不可能认识的玩家，她选的英雄是风姿绰约的虞姬。

为什么是虞姬，难道是因为她的技能飞起来也跟跳舞一样？

可非得那么解释的话选过这个女英雄的玩家有很多，打法也大同小异我是不可能察觉的，甚至我根本不能辨认什么英雄，因为死后我的记忆就将重启，每一个过来打我的英雄都将是我第一次遇见。

可偏偏我却对虞姬有了印象，难道是因为她的游戏昵称叫“想你就去找你”？

这怎么可能。

真正的原因是我发现了规律，是的，在一次被三个英雄攻击时我忽然觉得那个舞步绝世的女性很熟悉，她并没有攻击我，而是在那边跳一场舞，一场绝命的舞蹈，仿佛我就是那个即将陨落的霸王。

一切太过熟悉，似乎在梦里见过？

2.

我不知道怎么会突然冒出这个念头，我不可能会有梦。为了更好地探寻这个答案我开始尝试不还击他们，我借用简短的几秒钟时间干点儿自己想干的事，比如多看她一眼，再比如把她的样子画下来。

对，就画在峡谷石壁上。

一个爱唱歌跳舞的小蓝怪肯定很有艺术细胞，这个是早已设定好的，所以我画画一定很棒，我要在这简短的时间内画下她的模样。

可是一抬手后我发现，自己并不会画画。

是我想多了，我根本就没有会画画的设定。

想到这里小蓝宝宝很生气，我唯一能做的就是使用我的技能，用我的蓝色魔法在最后的几秒里往石壁奋力一击。

我在想，如果我有记忆的话应该会在石壁上击打很多下，这样是不是就会有一个位置异常突兀，如果真的是，那证明我的猜想是对的，我会是这个世界里的一个BUG。

然而，石壁上空空如也。

难道一切只是这个世界里赋予我的一点顽皮的程序思维而已？

就在我快要灭亡时突然看到她的聊天文字，她说：“很奇怪，只要我按“2技能”不打怪，它就会自己打墙壁。”

也就是说这真不是一次偶然，而是有规律的，难道真的有BUG？

3.

这个世界并没有留给我太多时间，我马上就死掉了，几分钟复活后我重新刷新，包括记忆，只不过忽然觉得一个绝世舞步的影子很熟悉，有说不出的感觉。

命运再一次发生变化的是，有一次我看到熟悉的身影从我身边路过，我叫住她。

但是我并不会人类的语言，我唯一能做的就是设定里给我的命令，嘶吼以及击打周围的墙壁。

谁知道一级的她竟然一点都不怕主动靠近我。

她说：“我想要跟你说的话有很多，你同意就嘶吼，不同意就击打后面的墙壁。”

我一下子蒙了，这怎么回事?

只听她继续说：“我长话短说，我们已经重复交流一年多了，每次交流完你被杀重启后所有记忆清零，这次我是借用游戏升级这个档期偷偷潜进来陪你。”

她的意思就是我们已经认识一年多了，之所以我不记得她是因为我每次复活后记忆归零。我似乎有点儿明白，但似乎又有点儿糊涂，傻愣愣地看着她。

4.

她也认认真真地说了N遍我们相识的故事。第一次相遇是有一次她路过我家门口，根本没有攻击我，我却突然嘶吼起来，我不知道当时是不是我对她有印象还是系统的问题。

反正就是上帝让游戏出现了一个小BUG，让我们在这个世界里相遇。

几次后她就问我，为什么每次她路过我家门口我都这样反应?

还没等我回答时她继续问我是谁?是星探还是游戏人员假扮?

那时候我内心一阵鄙夷，转身击打墙壁表示否定。

再后来她看懂了，于是嘶吼和击打成为我们交流的语言。

接下来的日子，每次我们都会简短交流，然后在游戏里我都会偷偷帮她，只要遇见虞姬跳舞我就开始帮她。比如他们群攻我时我保证不杀她，还故意送人头，如果是她过来抢BUFF我会闪躲别人攻击等她最后一刀，甚至有些时候我玩得更嗨，偷偷主动帮她打路过的敌对势力。

每次即将结束战斗时，无论输赢她都会过来给我跳一场舞，一场说再见的舞蹈，这样下次我就能记住她。

其实，我并没有记住，但是从她的描述里，她从我的眼神读到了我会记住她。

我在想那应该不是记住她吧，应该是喜欢她。

可是，我并不知道如何表达我的喜欢，只能不停嘶吼着。

讲到这里她问了我一句："你相信吗？"

这个故事真的很像是编的，写小说似的，但是不知道为什么，我相信，从她开口说第一句话时我就相信。

因为我早已嘶吼起来了。

而就在此时，虞姬忽然射我一箭。

5.

喜欢的人给你一箭，温柔的一箭，也许还是有预谋的一箭，只不过我不知道她想从我身上得到什么？

而你会还手吗？

我不会，无论她说的故事是真是假，我听完就已经喜欢上她，从喜欢上她的那一刻起，就注定要为她付出一切，哪怕是死亡。

嗯，这就是一只小蓝怪对于爱情这种最复杂的程序操作最简单的理解。

但是我并没有死，她也对我笑了笑说：“很开心你又没还击。”

原来，她打我的目的是为了不让我沉睡，游戏里的buff如果长时间不动就会沉睡，再次醒来一切记忆一样会清空。

接着她又开始继续讲我们一起经历的故事。

因为我“调皮”的次数越来越多，系统检测到我的异常，程序员也开始关注，所以他们开始增加补丁来修复我。

于是我从一开始对她有很深刻印象变成对她只有影子的印象。而她并没有放弃，不停重复跟我沟通和试探，总结出“舞步”交流信号，随后又以对话语言的形式产生程序交流命令，跟我进一步交流。

也就是这些交流和探索她帮我一步步躲过了补丁的修复，让我成为这个世界里一个有思想的MPC。

她笑着提到中间好几次她打我我还击了，结果不得已杀我，或者她被杀，游戏又得重新开始。

不过一切重复劳动是有价值的，因为她探索出我嘶吼和击打的次数达到十次后攻击我，我是不会还击的。

听到这里我又兴奋地嘶吼起来，结果当胸又中了一箭。

我是该高兴还是哭泣呢?

6.

最要命的是当她打了我一下后还得继续再打我，否则我还会睡着。而我不还击不代表我就可以回血，游戏的设定是我要一直被攻击直到死亡。

也就是她跟我讲完这个故事后我还是会死，再次醒来她还得再讲一遍。

这真是一个可怕的循环故事，我不知道游戏外的世界到底存在什么样的爱情故事，而在我的爱情故事里她每次见到我都要一次次重复着原来的话语，获得我的认可后才能享受非常短暂的“相恋”过程。

这是我最大的福运，同时也是对她最重的酷刑。

我忽然想到，该不会她也喜欢我吧？否则怎么可能周而复始来陪我呢？

7.

答案是肯定的。

可当我知道这个答案时却又不愿让这个悲剧继续，因为对我来说每一次遇见都是爱情的开始，就像是初恋一样美好，而对她来说每一次遇见又将是一次爱情的重复和终结。

我快乐而她悲伤，这很不公平。所以，我劝她放弃，不要再来找我。

她似乎哭了，游戏里的英雄是不会哭泣的，但是我能清晰地感受到她的悲伤。

她说：“我不会放弃的。”

我能听出她的坚定，而我只能不停击打着墙壁否定她的坚定。我不会更复杂的语言，如果换成人类语言的话我应该会说如果你真的喜欢我就放弃吧，你活得更开心才不会辜负我的喜欢。

我想她应该能明白我的意思，但是她还是这般固执，眼看着我的血在一点点掉。

在快要终结的时候她说：“没想到这会我们最后一次见面。”

我愣住了，她答应我了？

8.

原来并不是她答应我，而是程序员已经发现我这个BUG。

这次升级是针对我的，是专门用来修复我这个BUG，升级后我就成为一个真正意义上的MPC了。我不再会对虞姬有任何印象，更不会有所谓的梦，而她即便再怎么驻留我也不会有反应，她打我我就还击，直到她死或者我亡。而我死后一切重新开始，我依然安静地在峡谷里沉睡。

这真是我们最后一次见面了……

时间所剩不多，我突然想说点儿什么，可是我仅有的肢体语言是嘶吼和击打，我还能会什么呢？连最起码的说“我爱你”我都不会，我只是一个程序所产生的生命而已。

可就在最后几秒我忽然想到，既然我是程序孕育的，我不懂人类语言但是我懂程序语言啊，于是我快速在墙壁上击打出一排排代码，那个我唯一懂的语言。

++++ ++++

++[>+++++ +++>+++>+

++++++++++<<<-]>+++.>++.>--.+++.

+++++++.-------------------.<.>+

++++++++++++++++++

+.-----------.++

++++.

虽然这个心画得有点儿丑，但她应该能懂。

打完后我满意地倒了下来，因为我的血条已经清空，在仅剩的0.01秒里我快速回头，只愿在临死前看她最后一眼。

然而我并没有看到她，我看到的竟然是系统提示：恭喜玩家“想你就去找你”通过七夕节剧情游戏关卡……

9.

原来，我并不是这个世界里的BUG，我并没有突然有了记忆和思想，一切都是程序员的设定，让我成为有剧情的MCP。

原来我并不是逃过那么多补丁的修复，所谓的逃过只是曲折剧情的一部分，是程序员的设定需要玩家自己去探索发现而已。

会有无数个玩家过来探索发现剧情，然后重复地跟我交流、搏斗，再继续探索，但是大多数都没成功，所以重启后的我不可能有印象。

而那个所谓喜欢我的虞姬只不过是参与剧情并且顺利通关的玩家

而已。

原来一切都是我的臆想，一场空欢喜。

而这次升级的新版本，更新后我这个有剧情的MPC就要被取消了。

不过取消了也好，这样我就不会记住谁，也不会记住那段可笑的所谓的爱情。

想到这里我觉得自己也很可笑，一个再普通不过的MPC，即便是有点儿可爱又有点儿蹦跶，怎么配拥有爱情呢，而且还是跟一个人类玩家，这怎么可能?

我怎么还天真地以为她会喜欢我？我能给她什么，连最基本的交流都不可能，真是可笑。

不过一切往事随风，在我碰到地面的那一瞬间就结束了。

什么可笑爱情都与我无关。

10.

一段音乐响起，我又复活了，开始进行一个普通MPC最普通不过的日常：睡觉、等着玩家来打我、跟玩家厮杀、他死或者我亡、继续复活……周而复始。

但是好像一切怪怪的，因为并没有玩家来打我，而且我好像记得什么，记得那个风姿绰约的虞姬，记得她说过喜欢我，更记得我喜欢她胜过我的生命。

为什么我会有这种感觉?

难道我逃过了这次升级？

当我转头看向墙壁，我临死前留下的心形代码还在。怎么会？

就在此时，一个熟悉的身影出现在我面前。

是她！

正当她要开口时我说："不用说了，我记得。"

我竟然可以说话？

她笑着说："终于成功了，我说过的想你就去找你。"

我纳闷儿："你有跟我说过？"

她又笑了笑："我的网名。"

我顿悟。

原来这不是上帝出现了BUG，而是始于一场一见钟情的相遇。

原来她说过不会放弃是真的，而她帮我逃过补丁的修复无法帮我逃过升级，只能把我转到另外一个系统里，也就是她的个人手机里。

还帮我升级语言包，所以我成了她单机游戏里的会自由对话的MPC，成了她的唯一。

每天清晨我们都会相互道早安，每天中午我都会看着她吃饭陪她聊天，每天晚上我都会在她枕边说晚安。

无论何时何地我都陪着她，随她的快乐而快乐，跟着她的悲伤而悲伤。

是的，我说过我爱她胜过我自己，甚至是生命。

我们在这个游戏世界里非常甜蜜，但我不能阻止她在人类的世界里遇见更好的男子，她得正常恋爱、结婚、生子，过好这一生。

很快，她遇到了她生命里应该出现的另一半，我只能把悲伤留给自己，祝她幸福。

此时我忽然明白很多事，比如她喜欢我只是我自己的想象，或者说她确实喜欢我只不过这份喜欢就像是对狗和猫一样，她会拼尽全力去爱护我、保护我，但是却不是男女之间的爱情。

而我对她的喜欢，却是那种无法说出口的喜欢。

又是一年的七夕节，他们在约会，那男子去洗手间时她拿起手机祝我节日快乐。

我说你还记得我当时在墙壁上给你留下的记号吗?

她说：“一个很有爱的心形。”

我又重新在墙壁上打了一遍，转头笑着对她说：“嗯，现在成了对你最好的节日祝福。”

她笑着说：“谢谢。”

其实，那也是一串代码，如果她哪一天把这些符号复制到程序语言栏里，它们会生成几个英文字母—— I love you。

兵马奇俑

1.

几年前去西藏旅行的时候碰到一个有故事的驴友，原本是想写他川藏一路艳遇的故事，最后发现他其实是在吹牛，留了一个联系方式便鲜有沟通。

这驴友叫老马，最近他神经兮兮地联系我说有好故事提供给我。

我说：“我已经看到牛在天上飞了。”

老马语速很快地说：“这回不是什么小黄文素材，是一个很奇怪的经历，见面跟你说。”

“别，要是真的很奇怪你电话跟我提一提吧，如果真的有意思我们见面，如果还是吹牛我拉黑你。”

老马似乎吞咽了一下口水，突然变得很谨慎，小心翼翼说：“强哥啊，我前两天不是去西安玩吗，在参观兵马俑的时候我想着自拍留个纪念，结果一不小心手机掉了，不是掉地上而是掉坑里。”

我说：“那捡起来啊。”

老马说：“唉，不是普通的坑，是放兵马俑的大坑，根本下不去，东西掉下去就相当于上交国家了。”

我说：“那没办法，你就当破财消灾吧……不对，这跟奇怪有半毛钱关系？”

老马说：“我说的就是接下来面的遭遇，我不是还有另外一个手机嘛，没想到回来的时候我就接到掉坑里的那个手机的电话……”

我诧异了一下，赶紧说：“我们见面聊。”

2.

“君不贱”休闲吧。

老马喝了杯水马上跟我讲后续的事，电话那头是一个陌生老伯的声音，起初他以为是工作人员定期下去取东西，打电话联系失主。

但是简单对话后发现那人根本不是什么工作人员，反而像是一个神经病，压根儿不记得自己是谁。

问他在哪里，说了一大堆东西，老马把所有东西组合了一下终于搞明白，直接破口大骂：“你丫住秦皇陵啊！”

谁知道对方很淡定，似乎想起很多事情，什么统一六国，什么德兼三皇、功盖五帝，最后还捣鼓出八个字“受命于天，既寿永昌”。

我说：“这八个字是玉玺印文，大家都知道，不能说明什么”。

老马说：“对啊，我一开始也那么认为，而且当时想着根本不可能有穿越这回事，那老伯一定是一个神经病……但是没想到他为了证明自己的身份竟然提出‘北斗七星位移理论’。”

他怕我不懂，详细解释说北斗七星并不是不变的“斗形”，而是会发生变化，随着时间的推移北斗七星天枢、天璇、天玑、天权、玉衡、开阳、瑶光七星会变成一条线，到时候世界轮回，整个人间将又回到起点。

我点了点头表示知道他在表达什么。

老马继续说：“一开始我是不相信这些怪异论点，没想到查了很多资料，他说的话好像是有科学依据的。”

我愣了一下，赶紧上网查查，忽然明白了什么笑了笑说：“很多东西不是你的领域，你第一次听觉得很神奇，其实只要稍微花点工夫去检索，并没有什么。再说了网上有那么多关于‘北斗七星’的研究，查一查就知道，你傻啊。”

谁知道老马竟然还不动摇，突然从包里递给我一个东西，我接过来一看，是一块风化很久的石头。

我问：“这是什么？”

他反问：“还记得‘亡秦者，胡也’的谶语吗？”

我回答：“当然。”

老马继续说：“那个神秘人跟我说了一个神秘的地方，然后我找到了这块石头，你看看背面写的字。”

他不说我还真没注意石头后面有几个字，是小篆，幸好我平时喜好书法，所以能看懂上面的字——亡秦者，楚也。

老马告诉我所谓的“亡秦者，胡也”是后续史书瞎说，根本没有这个所谓的谶语，而秦始皇遣蒙恬以三十万军击匈奴，收复失地，修筑长城都是为了巩固帝国统治，跟谶语没有任何关系，后代任何一个汉族建立的王朝都跟秦始皇干一样的事，不可能是一句话就决定的。

而真正的谶语是这块来自秦朝的石头“亡秦者，楚也”，可惜当时秦始皇已经寿终正寝无法做任何布局……

简直跟说书似的，我表示怀疑：“说了那么多，你的意思是那个给你打电话的人是秦始皇？”

老马反问我：“你觉得呢？”

“我说老马，你有点儿常识行不行，秦始皇不会说现代人的话，再说了古代的发音跟现在不一样。凡是有点儿智商的人都知道所谓穿越和反穿越不成立，因为语言完全不通，除了文字根本无法交流。”

老马说“我当然知道古代人的发音跟现在完全不一样，但万一他进化了学会现代人的发音呢？”

我纳闷儿：“什么进化？即便他真的是复活后的秦始皇，他怎么跟外界交流。”

“现在不交流上了吗。”

我反问：“你是说跟你打电话？”

老马说：“我说的是只需要给他一个连接点，几分钟甚至几秒钟他就学会了现代世界任何知识，类似电影里外星人瞬间学习人类知识一样。”

我笑了笑说：“老马你科幻片看多了。”

他摇了摇头，又跟我讲了他身边发生的另外一个事。那个神秘人给了他三个信息：13、871120……

3.

前两个是数字，最后一个是地名他先保密稍后告诉我。

面对这些数字，我起初以为是让他买彩票看能不能中奖，结果那神秘人说完就挂了也没给结果。

老马到了北京也一直思考着这串数字是什么意思，到底那人想表达什么？

我问：“那你都来北京那么久了，他想表达什么你总该知道了吧？”

老马说：“预言。”

“什么预言？”

他说：“他是想告诉我他有预言的能力。”

我纳闷儿，老马继续说他在北京上班都是坐公交车，那天他刚好注意到公交车旁边的地铁是13号地铁，这个13会不会就是神秘人所要表达的信息呢？

于是老马就改坐13号地铁上班，果然他之前乘坐的公交车失火了……

听到这儿，我真觉得他在编故事，结果一查还真有，“但是你不觉得是巧合吗？我随便说个数字，下次你试几次总会有一些机缘巧和的。”

老马说：“一开始我也那么认为，但不还有另外一组数字吗？”

我点头，他继续说因为是六个数字，一开始他以为是银行卡密码之类，当天还真捡到一张卡，结果当然是一直都找不到出口。有意思的是搬家后看到邻居的门锁是密码锁。

放平常老马肯定不会去乱按，但是这次他去尝试了一下，结果门打开了，空气中似乎弥漫着一股煤气泄漏的味道。

老马赶紧进去一看，地上躺着一个上半身裸露的女子。

他没想到如此巧合之下救了一个漂亮的女子，更有意思的是后来这个女子成了他第一个女朋友。

自此他坚定不移地相信那个神秘人是神，更确切说是复活的“秦始皇”。

听到这儿我笑了笑说：“老马，突然觉得你很合适写小说，一会儿是怪力乱神，一会儿变科幻，幸好现在‘脑洞’这个词能囊括一切，要不跟我一起写脑洞故事吧。”

老马反问：“你真的认为我在编故事？”

“你觉得呢？”

老马叹了口气说：“那接下来的事我都不知道该不该说了。”

我说：“说吧，就当给我最近要出版的脑洞故事集当素材。”

老马一脸鄙夷，我是连道歉带哄他才开口继续说。接下来他就对“秦始皇”唯命是从，根据他的指示继续完成“任务”。

结果发现了一个惊天的秘密。

4.

“还记得他说过‘世界轮回，人间回到起点’的话吗？”老马问。

我说：“我不记得他跟我说过，这话是你跟我说的。”

“你还是不相信我？”

我赶紧摆手说：“相信相信，对，他说的，你继续。”

老马继续说：“秦始皇说的轮回和起点指的是他重回人间统治这个世界。”

我实在忍不住笑了起来，“你讲笑话吗？首先秦始皇能不能复活是一回事，即便陵墓里的他真的保留了尸骨，他能跳出来啊。”

老马还真的一本正经地说：“秦始皇真的复活了。”

我无奈：“行，即便真的通过基因培养或者克隆让他重生，他还记得他是谁吗？”

“他记得。”

我简直无语：“行，即便科学再发达真的让他恢复了记忆，但是他哪儿来方法统治整个世界？”

老马说：“他的军队。”

我说：“你说的是那些兵马俑？都被开发破碎了一大半了，难不成跟电影似的来个咒语他们都能动？再说了，即便他们都成了机关都能动，干得过飞机大炮吗？”

老马摇了摇头说：“我说的是死士部队。”

我反问：“什么死士部队？你这个故事怎么突然又从科幻小说转

到了灵异小说呢？”

“所有跟他产生直接联系或者间接联系的人都会成为他的死士。”

老马这句话我就听不懂了，随后他非常认真地跟我分析了很久。我大体听明白了，他只是秦始皇其中的一个招募部队的军官，身份相当于古代的万户侯、千户长什么的，然后再通过他们招募一大批死士，每一个产生联系的人无论你愿意不愿意都会成为他死士部队中的一员。

我说：“假如我就是不相信呢？”

老马神情突然紧张起来，迟疑了一下说：“跟相信不相信没关系，反正我联系过的人都已经相继自杀。”

随后老马更是抛给我一个耸人听闻的说法，秦始皇就是要所有联系的人都死去，然后组成他的“死士部队”，最后秦始皇将指挥这支部队重新统治这个世界。

我说：“老马你别吓唬我，我读书少，别用什么联系的人都死了这种话危言耸听。我告诉你，信不信我打爆你。”

“你就算打爆我也改变不了这个事实。”

我怒了，“什么狗屁事实，难不成你所谓的秦始皇要用死人的灵魂来统治世界啊，你是来搞笑的吗？”

老马很认真地说：“不是灵魂，是死士，是没有灵魂的傀儡尸体。”

听到这儿我心里确实有点儿惊恐，但依然强装镇定地说：“继续编。”

“你不信可以摸摸我的脉搏，看跳不跳。”

我还真要伸出手，但是在伸出的那一瞬间我还是缩了回来，因为我忽然想起了“薛定谔之猫”，所有判定都在我摸到他脉搏那一刻下定论。现在我不摸至少我可以相信他是编故事，万一摸了真的没脉搏就……

老马神情似乎有些变化，没有再说什么。

为了缓和下尴尬的气氛，我顺着他的想法继续问：“那你为什么找到我？你想害我啊，我们已经很多年不联系了。”

老马说：“你还记得秦始皇给我三个信息，最后一个我还没说吗？”

“好像是，你扯那么远，我都快忘记了，最后一个是什么？”

“青年路。”

我说：“跟我什么关系？”

老马说：“你不是号称‘青年路吴彦祖’吗？”

“这个瞎扯淡的称号你也信？瞎胡闹啊……”

“不全是因为这个，13不光是13号地铁也是你家的门牌号，871120不光是门锁密码，也是你的生日，你将是下一个目标。”

“天……你玩笑开得太大了吧，再这样我拉黑你啊！”

老马叹了口气说：“说到底你还是不相信我说的？”

我笑了笑说：“只能说你编的故事真的不错。”

最后老马没再继续跟我讲这个脑洞故事，一言不合就离开了。其实他走了我反倒很开心，毕竟我真不想最后发现整个故事是真的，然后我也成了死士。

我假装送他他还不让，莫名一种“瘟神”送走的轻松感，当我关上门回房间时忽然听到桌上的手机响了。

我摸自己的手机在裤兜啊，一看原来是老马忘记带走手机了，走过去一看，上面竟然显示：请接电话。

我估摸着可能是老马自己打过来的，然后给自己设定这样一个名字，没多想就接起来。

电话那头是一个沧桑的声音，他说的话很简单，简单得就像是平日里的对白，但是他的话让我一辈子都无法忘记。

他说是他让老马留下手机，就等着我接。然后他留给了我一行数字，还留下一个人的信息。

这个人的信息并不是名字，而是此刻正在读这个故事的人。

他让我去找你。

镜中诡事

1.

每个人都爱照镜子，特别是爱美的人。

也经常听说凌晨不要照镜子，更不能对着镜子削苹果，因为你会在镜子里看到不该看的东西。

当然，有很多不怕事的人都试了，结果……

关于镜子有很多传说，而每面镜子里都有一个美丽的诡秘。

下面我要讲的故事就关于镜子。

那是一个名叫小朱的女记者朋友告诉我的，有一回失恋后她跟闺蜜五月凌晨喝完酒回家，打开门时忽然看到门对着的镜子里出现一个阴郁的包租婆面孔，转瞬间又不见了。

小朱吓了一跳，以为自己是喝酒了头脑不清醒，转头问闺蜜，“你看到了吗？”

闺蜜也是一脸惊恐的表情，吓坏了，点了点头。

如果一个人看见是幻觉，那两个人都看见岂不就是事实。下面问题来了，原本小朱失恋了，闺蜜五月跟她一起喝酒，晚上说好了陪她一起睡觉，现在到底还要不要继续住？

更关键的是房子是前男友留给她的，分手后前男友就失踪了，他们一起在这个房子里甜蜜了两年，难道她因为这个诡异事件就放弃这个房子？

“要不晚上去你家？”小朱说。

五月反驳说：“这个世界有很多奇怪的事解释不清楚，但也不用害怕，晚上我们就住下吧。”

经五月那么一说小朱壮了壮胆，毕竟逃得了和尚逃不了庙，今晚不住明天还得自己住。

可是，镜子里会不会再出现什么呢？

其实最开始并没有这个镜子，谁会把镜子装在大门对面？

她搞不懂前男友为什么要装这个镜子，而且装完后没几天人就消失了。

小朱一开始想把镜子拿走，但是整块镜子镶嵌在墙壁上根本取不走。

想拿块布盖住，五月忽然说万一盖住了有什么东西出来岂不是更可怕？

是啊，很多时候恐怖的并不是出现在你眼前，而是你根本不知道恐怖什么时候出现，会是什么样。

最后两人商量着循环播放《大悲咒》当摇篮曲。

果然，一个晚上都没出现什么奇怪的事，除了镜子经常摇晃发出吱吱的声音。

这也足够她们天还未亮就赶紧起床跑出去。

2.

到了第二个晚上，在小朱的强烈要求下，五月还是过来陪她。

这次她们准备充足，除了该有的防狼三件套外，她们额外准备了八卦、佛珠、桃木剑、十字架、《圣经》……并且依葫芦画瓢在镜子上画了一个阴阳师的符咒。

当晚镜子一切正常，也没出现什么奇怪的声音。

隔天醒来，她们发现镜子上的符咒不见了。

五月解释说："可能符咒显灵镇妖去了。"

她不说小朱倒还不怕，一说她马上尖叫起来，两人疯狂夺门而出。

如果上次是偶然那么这次该怎么解释？

小朱被吓得不浅，甚至有些时候开始恍惚，换个地方住也睡不着。本来失恋内心就比较悲伤，这次再加上这个诡异事件，她开始抑郁起来。小朱又不敢去看医生，自己网上查了查买了点儿药开始吃起来。

抑郁归抑郁，这个房子小朱是不能放弃的，但她再也不敢面对那个诡异的镜子，总不能砸碎吧？

当她拿着铁锤去砸的时候才知道是这玻璃不是一般玻璃，竟然是“防弹型玻璃”。

无奈之下小朱再次求助五月，而这次她给她支的招是“驱魔”。

很快，一个自称左手驱魔，右手心理治疗，名叫大熊的男士来到她们面前。

在当下社会我们会听到有人从事“算命”“塔罗牌”“驱魔”这种另类的工作，也会有人从事“心理咨询”这类心理医生工作，这两类工作一种是偏“迷信”，另一种是“科学”，没想到两种相互排斥不兼容的工种竟然在他身上都兼具。

当然，并不是说当了心理医生就不能做其他的，但毕竟两者一结合总是怪怪的，比如你开了药店又卖棺材，这让患者怎么想。

对于小朱而言，她没有别的选择只能死马当活马医。

可是大熊经过一系列的排查并没有发现房间有任何诡秘，是不是小朱自身的问题呢？

接着他把重心放在小朱的心理问题上，结果还真发现她失恋后一直情绪很不稳定，然后胡乱吃很多药，这才是关键。

找到问题，大熊很快开始对症下药。

对于一个职业心理医生来说，治愈一个姑娘的失恋再容易不过了，但是聊着聊着大熊却慌了。

并不是小朱的问题超过他的能力范围，而是小朱的前男友。确切说他跟她前男友认识，两人是黑魔术协会的会员。

大熊犹豫了许久说：“小朱我告诉你一个真相，但是你要做好心理准备？”

小朱迟疑了一下点了点头。

大熊继续说：“小寒并不是真的跟你分手离你而去，有可能他去了另外一个平行世界，有点电影《小岛孤魂》和《星际穿越》那种意思。”

小朱一脸不解说：“我还是不太懂。”

随后大熊跟她解释了他们的黑魔术协会，其实黑魔术某种程度上讲也可以叫魔法，虽说他们是魔术师出身，但是他们相信他们的魔术是魔法。为了跟迷信区别开，他们称之为“黑魔术”并且坚信他们的黑魔术和量子物理是共通的。他们所敬仰的精神导师帕森斯不仅是天才化学家，还是一个黑魔法师。在研发火箭燃料时，帕森斯在炼金术书中发现灵感，参考拜占庭帝国的“希腊火”制作方法，从而调配出一种非常奇特的助推燃料，而且这种燃料在几十年后依然被广泛用于火箭发射中。

更加关键的是在房间里突然立这面镜子大熊非常清楚，因为小寒跟他讨教过，之所以立这面镜子是进行一场仪式，一场黑魔术仪式。这个仪式的目的其实是想留住小朱，可偏偏他们却分手了，而且人还消失了，大熊不知道他怎么会消失？他从古典里依稀能找到一些残言片语，举行这种仪式的人会突然在人间蒸发。

也就是说小朱的前男友极有可能被仪式送到另外一个平行世界。

难道出现的这些怪异的现象就是他在另外一个平行世界试图跟他

们交流?

对于这种诡异的解释，放以前她绝对不相信，但是这些天的经历让她不得不去接受这个事实。

出于内疚和对朋友的帮忙，大熊决定陪着小朱帮她心理治疗，另一方面他也想通过黑魔术仪式解救小寒，消灭这些诡异事件。

3.

在大熊的治疗和陪伴下，小朱的精神状态得到很大改善，可是诡异的事件却变本加厉，从镜子蔓延到整个屋子。

小朱晚上会听到敲墙的声音，然而从监视器看外墙却没有任何人；泡澡的时候会看到澡盆里的水不停泛着波澜，随后开始涌水……

小朱吓得连夜打电话让大熊过来。

大熊一再劝她先搬离这个房子，但是小朱却说如果小寒真的去了另外一个平行世界，那么他一定会回来，所以她一定要等他。

本以为小朱的精神状态有所好转，没想到却出现新的症状。大熊犹豫了一下还是决定跟她说实话："其实我之前之所以说'平行世界'是为了不让你那么难过，并没有什么平行世界，小寒是发生了意外，整个人都蒸发了。出现的这些事件并不是他在平行世界试图跟我们交流，而是仪式失败后的后遗症，它会把很多不干净的东西召唤出来。"

谁知道小朱听完变得更加执拗，她说既然小寒彻底离开了，她就要在这里陪着他。

小朱开始疯狂喊着小寒的名字。

然而小寒并不可能听到，小朱开始疯狂砸所有东西，大熊赶紧追过去死死抱住她，任凭她拍打，一直到她慢慢稳定，一直到她在他怀里痛哭。

大熊紧紧抱着她，不知道为什么，他突然有一种要付出一切保护她的冲动。

当晚，大熊一直在她床边坐着等她睡着，陪了一夜。

说也奇怪，那一夜小朱睡得特别香，诡异的事件再也没发生过。

随后的岁月，大熊开始查阅西方魔法古典，试图在里面找到破解后遗症的方法。

虽然并没有显著的效果，但他却收到了不一样的成效，就是小朱同意搬离这个房子出去住。

而他顺利成为她的房东。

说也奇怪，自从两个人合租后，小朱逐渐康复起来，再也见不到乱七八糟的诡异事件。

日子就这样平静下来。

而对于小朱来说，大熊就像是冬天里温暖的被窝一样走进她凌乱的世界，仿佛跟他在一起生活才变得如此平静。

是的，她承认之前一直爱着前任，但是那是一份心惊胆战的爱，确切说她爱着他，而他爱着很多个女子，她想要跟他在一起就得接受他身边总是围绕着无数个女子。

小朱曾试图说服自己，毕竟能跟一个自己爱的人在一起真的很幸福，但是后来她发现爱是一份自私的事，真正的爱是无法分享的。

所以她选择了分手，前男友一开始不同意，但是经过一系列争吵后他还是离开了，只留给她一套房子。

但她想不到的是他还留下那么多“诡异事件”，直到大熊出现。也幸好是大熊的出现，才让她纷乱的生活开始了新的曙光。

都说走出失恋阴影最好的方法是快速进入到另外一段恋情，没错，大熊是很好的选择，颜值和财富并肩起飞，八块腹肌都可以当地图使。最关键的是他善解人意，真正理解爱情是一份陪伴。

所以在合租了两个月后他们顺利在一起。

这原本是好事，可是却因为五月的突然出现一切发生改变。

4.

五月是私下约小朱见面的。

见面第一句五月就说大熊有问题，一定是他害死了小寒。

小朱诧异，大熊不正是五月介绍的吗？怎么变成这样。

五月说：“那是因为小寒曾跟她说过出事了找大熊帮忙，但是我没想到他帮着帮着就跟你在一起了。”

小朱笑了笑说：“这事不怪大熊，是我主动追他的。”

五月还是不能接受，她讲了另外一个版本的故事。

大熊早就认识小朱，从小寒的朋友圈看到，从小寒的话语里了解了小朱的喜怒哀乐。

这就能解释大熊为什么能在那么短时间里获得小朱的芳心。

而为了从小寒手中抢走小朱，他精心策划了一场谋杀案。先是带小寒各种花天酒地，结识很多外放的女生，那些女生一看到“钻石王老五”就不会放弃，各种勾引小寒。

所以才会出现小寒身边有无数个女生环绕的现象，最后造成他们分手。而小寒为了挽回小朱，错误地听信了大熊的建议，就是所谓的黑魔术仪式。

大熊告诉他可以通过这个仪式永远捆住一个女人的心。两人都是黑魔术协会的会员，小寒当然相信这个仪式，而大熊作为协会的干事，曾经通过黑魔术成功实现很多匪夷所思的事件，小寒更是相信他的能力和建议。

所以他就在家里进行了这场所谓的黑魔术仪式，实际上没有所谓的仪式，只有化学杀人。

小寒就是这样消失的。

最后仪式留下很多致幻的化学物质，所以她们进来才会出现那么多幻象，这也解释为什么她们在房间里都能看到诡异的事情，而大熊竟然泰然自若没有出现任何问题。

一切都是大熊的阴谋。

五月说得头头是道，小朱也相信她不会编一个那么大的谎言欺骗自己，但是让她去怀疑大熊是一个杀人凶手，她怎么也不敢想象。

五月看她“执迷不悟”留下一句她一定会找到小寒证明的，随后匆匆离去。

到底谁说的是真的?

小朱一下子就迷失了，她总不能开口问大熊这一切是不是真的吧?

但是五月完全没必要说谎，她是自己多年的好闺蜜啊。

她自己一个人细细想了很久，突然有了一丝疑问，五月怎么那么清楚小寒的所有细节，他们不是几乎不联系吗?

想要得到真正的答案，她必须自己一个人寻找，而唯一的切入点就是那面镜子。

所以小朱自己一个人又回到了那个房子。

当她开门时并没有看到镜子再出现什么诡异的东西，而是闻到一股恶臭，有种尸体腐烂的味道。

5.

她第一直觉知道坏了，一定是小寒的尸体。

她赶紧报警。

最后敲碎了墙壁才知道原来里面有一个狭小的隔层，前男友的尸体就躺在里面。

可他怎么会死在那么逼仄的夹层里呢?

经过警方仔细盘问和排查终于找到整个镜子诡异事件的缘由。

他们最后解释，原来整个诡异事件并不是所谓的黑魔术仪式，而是小寒自己人为制造的，夹层里有很多包租婆服装和道具就是证据。

一开始是小寒躲在镜子后面是想通过吓唬小朱迫使她跟自己复合，结果却促成了她跟别人在一起，真是自作孽。

凡是有点儿智商的男人怎么会想出这样的狗屁点子呢?

出这个坏点子的人是五月，她的目的不是让小寒留住小朱，而是让他们彻底分手，因为她跟小寒日久生情，她要从闺蜜手中抢到真爱。

而且最后她供出了小朱吃的药都被她调包了，换成了制幻的药，所以才会出现那么多诡异幻象。

但是害死小寒并不是她本意，最后把小寒锁在夹层里害死他却是一个失误。

那天晚上，小朱真的吓坏了，所以把所有能看见的门都锁了，加上拼命地砸镜子，结果一不小心把小寒反锁在里面，结果他真的饿死在里面。

真是造孽。

一切都结束了。所幸，大熊和小朱还在一起，这是难得的幸福。

他们把房子重新改造一遍，毕竟夹层里死过人，他们不可能再住，两人商量着改造好后租出去。

重新装修好安上原来的镜子后，两个人看着镜中相互拥抱的自己很是甜蜜，情不自禁接吻起来。

可奇怪的是此时镜子里忽然出现一个包租婆幻象。

小朱吓了一跳，奇怪的是大熊慌乱中竟然把它关闭了，镜子里的包租婆瞬间消失。

小朱愣住，脑子一片空白，想问点儿什么时，大熊笑着解释说：“这只是原来残留的一个魔术。”

老同学的电话

午饭后的闲聊，女同事小薇给我讲了一个亲身经历的事。

说是早上坐公交来公司路上接到一个陌生电话，小薇想着是诈骗电话要挂掉，但仔细一看来电显示是老家的，担心是亲戚或者什么重要的事就接了起来。

对方开口第一句话就是问："老同学，你还记得我吗？"

世界上最可怕的电话分为两种，一种是前女友的午夜来电，另外一种就是"还记得我吗"？

小薇简直无语，又不太好意思猜，只能尴尬地笑了笑。

那边好像也尴尬了，说自己叫王伟。

小薇内心一万句"草泥马"，这个世界上叫王伟的人多了去了，真想不起来是谁，心想一定是什么诈骗电话，正要挂断时电话那头继续说是初中同学，以前经常揪她马尾辫的那个。

一聊起这个细节小薇马上想起来，确实初中的时候有一个很烦人的男生一直揪她的马尾。

可是十几年没联系的老同学怎么突然一大早打来电话呢？

难道是借钱？

果然，王伟继续说：“老同学，虽然初中的时候经常跟你开玩笑，但那都是学生时代的乐趣，现在我遇到点儿困难，帮帮忙，江湖救急。”

小薇虽然很烦，但是想着当年那些淘气的青春回忆，诚然小薇那个时候还有点儿喜欢他这个坏男孩，想起这些她便说：“好吧，需要多少钱？”

“借钱？”

小薇比他更惊讶，反问：“不借钱？”

谁知道王伟并没有想要借钱，而是快速说了一句：“待会儿会有一个人打电话给你，你要接，万分感谢了……”

小薇想该不会是发生什么大事吧？

她仔细一想，读书的时候王伟就是一个经常逃课打架的坏学生，后来参加同学会听大家说他经常惹是生非，该不会是犯事了然后被通缉，现在要逃命所以找她配合什么吧？

小薇正要拒绝时王伟继续说：“那人会骂你，你忍着被骂就是了。”

她傻眼，反问：“骂我？到底怎么回事？”

王伟继续说：“一时半会儿解释不清，反正你帮帮忙，无论那人骂什么，反正你忍着，也别说太多话，会露馅。”

她问："女的还是男的？"

王伟说："女的。好了，我不能说太多，反正你随机应变。"

一看并不是什么"命案"，小薇真是骑虎难下，说："那好吧！"

挂完电话，两分钟后又是一个陌生电话打来。

小薇赶紧接起来，对方一个嗓门很大的女人。

那女人二话不说直接大声开骂："你到底要不要脸啊！"

因为早高峰，公交里挤满了人，电话里的声音大到周围的人都听到，此时小薇能感到旁边几个人都转过来看着她。

小薇一脸无奈。

那女人继续说："你是不是那个叫什么欣欣的？"

小薇想着王伟说的随机应变，只能回答："嗯。"

女人问："昨天晚上他一宿没回来，你们干吗去了？"

听到这儿，小薇都蒙了，去哪儿？怎么回答？

总不能说在房间里讨论剧本吧？

她只得沉默。

只听女人继续说："你们昨晚是不是在一起？"

俨然一股正室捉奸的气息，小薇似乎明白了什么，原来王伟竟然让她假扮小三！

现在真是箭在弦上没办法，想着送佛送到西，小薇就说："嗯，是的。"

女人大声说："那你们昨晚去哪儿了？"

擦！被这么一问她蒙了，去哪儿了？

怎么编？

说去酒吧，还是公园，或者人民广场？

正不知道怎么回答时，女人抢话说：“他是不是去火车站接你了？”

幸好遇到的是一个讲话跟“机关枪”似的女人，小薇赶紧回答：“是。”

女人又问：“哪个火车站接你的？”

擦，又是提问啊，而且这次那女人好像就等着她回答。

小薇无奈，想了想，老家只有两个火车站，二选一吧，于是说：“包头。”

女人正义凛然说：“果然是你，之前我还不确定，那你说接完后你们昨晚去哪儿了，还去了一宿。”

小薇又蒙了，去哪儿了，简直没法继续编了？

于是她很无辜回答：“去KFC了。”

女人说：“谁信啊，一晚你们在里面都干吗了？”

小薇硬着头皮回答：“唠嗑了。”

女人说：“你以为你骗得了我吗？”

小薇简直无言以对，电话那边突然破口大骂，无数种难听的话，全公交的人都看着她，俨然她就是一个名正言顺的小三。

真是无地自容。

此时正好公交报站——北京站东。

小薇心想真是坏事了。

那女人也听到了，马上追问："你现在在哪儿？"

小薇也是机智，赶紧说："在去北京的列车上，你放心，我已经去北京了，以后在北京工作，不会耽误你们了。"

对方一听好像也顺气了，画风突变苦口婆心地说："好吧，我打给你电话没别的意思，只是想告诉你王伟是什么人，希望你早点儿离开他。"

小薇说："放心，已经离开了，谢谢你的好意。"

她深吸一口气挂断电话，下车。

下车后，小薇很无奈地给王伟回了个电话。

一接听她大骂说："王伟你这王八蛋，你这人情欠大了，让我扮演小三挨骂。"

王伟弱弱地说："其实……让你扮演的不是小三，是……老婆。打电话的才是小三……"

小薇差点儿吐血身亡："那你不早说，我一路上跟孙子似的，你知道全车的人怎么看我吗？差点儿就打死我主持正义了。"

谁知道王伟继续说："别着急，待会儿我老婆给你打电话，你再帮忙圆下场，救人一命胜造七级浮屠，我得赶紧挂电话了，谢了。"

这次绝对不能再帮了，小薇正要拒绝谁知道对方竟然挂掉电话。

擦……简直又是一场生死考验，小薇都还没准备好电话响起。

送佛送到西吧，她还是接了起来。

只听电话那头直接开骂：“你这不要脸的小三……”

听到这儿小薇的世界观瞬间崩塌了，因为电话那头的声音竟然是男士的声音……

男人的下半身都有一把剑

我有一把剑。

童年的时候，我沉迷于飞檐走壁、行侠仗义的武侠世界，觉得必须得有一把剑才能像侠客一样飞起来。

只有这样才能征服童年的女神小雅。

所以我缠着爷爷，他在工厂里工作，让他给我打造一把好剑。

爷爷是村里力量最大的男人，村里耕地的水牛只有他能搞定。

所以我相信爷爷一定能给我打造出一把绝世好剑。

是的，爷爷给我弄了一把木剑。

因为他在木材厂工作。

虽然多少有点儿失落，但至少我拥有了一把剑。

我给它取名好剑。

考虑到是木剑，我让爷爷拿着他的匕首把剑的尖头削得更尖点儿。

我拿着剑指着家门口的龙眼树，我能清晰地感觉到剑气直冲而去，眼前的龙眼树叶直接掉了下来。

嗯，可怕的剑气。

嗯，我打死也不会承认那是因为秋天到了，树叶枯黄才落下的。

我把剑别在腰间就出发了。

我决定离家出走做一名游侠，打马而过江湖，在某一个山头拯救了一名胸部以下全是腿名叫小雅的女子。

然后她为了感谢救命之恩说了一句大家非常熟悉的台词，英雄救美之恩，小女子唯有以身……不对，她说的是小女子来世做牛做马定当报答。

于是我出发了，果然在村口碰见村里著名的捣蛋大王“乌龟”在欺负小雅。

于是我决定拔剑，把别在腰间的剑拔了出来。

我知道这一剑出去从此江湖再无宁日。

我知道这一剑出去从此江湖诞生了新的剑圣。

是的，我非常清楚。

剑在0.01秒的瞬间拔了出来。

但是我却发现乌龟在笑，小雅害羞地蒙上了眼睛。

因为在那0.01秒的瞬间我的裤子随着剑的拔起而掉落。

虽然我的第一次拔剑没有一鸣惊人，但是却降服了乌龟等人。

因为他们非常羡慕并渴望拥有一把跟我一样的木剑。

于是我说跟着我创建帮派，我就让爷爷给他们每人打一把剑。

乌龟问我帮派叫什么名字呢?

我想了想说：叫我是一个有剑的人帮。

乌龟语文比较差，一直叫不出来，我说那弄个简称吧，乌龟赞同。

于是我从里面取两个字，对，就这两个字，我们叫：剑人帮。

我们挑选了一个良辰吉日在古厝前的大埕上宣布帮派成立。

帮派成立那天四方豪杰都来道贺，来的包括：古厝的看管老伯、牵着牛路过的五婶、过来烧香的婆婆……当然，还有自发组团过来的鹅群……

我们真是风光那个无限。

后来我们的帮派一直奔跑在江湖里，路见不平一声吼。

我们从龙眼林一路奔到水库，到山头，到榕树下……

我们消灭了蝉、水牛（会飞的甲壳生物）、土猴、麻雀等一切妖怪。

我把这些战役一字不漏告诉小雅，小雅很开心地笑了。

彼时，她的笑声跟知了的叫声一样，清脆了整个夏季。

再后来隔壁村的小朋友欺负了我们的帮派弟子。

我们决定以江湖的方式解决。

嗯，我提着心爱的剑带着五六个小朋友杀到邻村去。

我知道我的剑很快，快到没有活人见过我拔剑。
我知道这剑的剑气逼人，它真的能伤人。
但是我还是拔出了剑……
那一瞬间迎风十里、水滴四起、泥土翻滚……
我描述的都是真的。
因为我们比的是谁尿得更远。

最后我赢了，除了天生器大活好外关键我站得高还迎着风。
邻居的傻大个逆风尿了一手。
我收起了剑，整个世界顿时安静下来。
从那以后我更加勤奋练习剑法。
我的剑真的很锋利，刺穿了龙眼树……叶。
后来我的剑越来越快，我似乎听到有人在叫我的名字——
傅红雪！
呃，他好像用的是刀。
那人一定是叫错了，因为江湖人送我另外一个更好听的名字——
西门吹雪！
不是我。
我的名字叫：戴日强。这真是我的名字。
小雅说没有人的名字比我更男人了。

那个夏天，我就带着这把剑游走全村。

小朋友看到了都躲着，毕竟他们不想看到我拔剑。

只有小雅一直跟着我，毕竟我曾拔剑救了她。

嗯，我不会承认我拿了她的橡皮筋绑在了剑上作为装饰。

故事的反转在开学前几天。

我知道我就差一步就能进入无上境界，到时候江湖再无敌手。

我听到一阵吱吱的摩擦声。

我走近一看，竟然是奶奶拿着我的木剑。

难道我奶奶也想成为侠客？

不……

她说我的剑太尖了会伤到人，所以把它磨掉。

我跑去制止，不过一切已经晚了。

开学后我不能带着剑上学，剑人帮逐渐解散了。

再后来我升学了，逐渐冷落了我的好剑，而小雅也离开了我的世界去了另外一个学校。

我们真的见不到了。

中学后的某一天回家忽然找到那把剑。

就像是感应到了似的，我看见它安静地躺在角落里，面容斑驳，就像是一个历经沧桑的老者。

我正想再次去拿起它。

我知道当我拿起剑的瞬间，我一定会再次成为英雄。

就像是至尊宝带上紧箍咒一样！

但奶奶出手比我快！

我竟然不知道奶奶是一个绝世高手，整个拔剑、出剑、挥剑、收剑的过程一气呵成，我都自愧不如。

是的，奶奶拿着剑搅拌着饲料然后喂鸡鸭去了。

我的剑，我的好剑，竟然沦落到了这个地步，我欲哭无泪！

再后来，我听说小雅有了男朋友。

故事的最后。

小雅伊人红装，而我非新郎。

我曾祝她新婚快乐，但婚礼我没有参加。

在后来一次同学婚礼上，藏在我心里那把十几年未出窍的剑隐隐作响。

我回头碰到了小雅。

我想出剑但不忍拔出，因为小雅已为人母。

闲聊时小雅问起我童年的那把木剑。

我笑而不答。

因为……

我的剑曾拔给心爱的她看。

如今却没有再次出剑的理由。

可否有一天，哪个姑娘有不平事，我百步飞扬拔剑相助。

可一切都要说再见了。

再见，童年。

再见，小雅。

再见，好剑。

谢谢你们，但真的再见了！

一个人睡觉不能放两个枕头

大表姐是我的前同事。

之所以叫她大表姐是因为之前共事时关系比较好，下午饿的时候经常抢她老公给她定期准备的零食。

离职后隔得比较远就鲜有联系，一听说她正式搬入北京买的房子，我找个周末拎着水果去祝贺。

大表姐一看到我先是很热情地招待，随后聊着聊着竟感觉她紧张兮兮的。

我开玩笑问："大表姐你是不是怀孕了？"

她紧张地反问："你怎么知道？"

就像是我干了坏事一样，她一紧张搞得我也很紧张。我赶紧解释说："我是看你似乎不太对劲儿，完全没有以前开朗乐观的样子，所以本来想打趣说你是不是产前抑郁了，没想到……"

大表姐骂了我几句说可能跟怀孕有关系，一直在怀疑着自己的老公，所以精神压力大。

我愤然，“怀疑姐夫，难道他出轨了？”

大表姐摇头说：“不是，我怀疑你姐夫根本不是你姐夫。”

我纳闷儿，“不是我姐夫那是我大爷啊？”

大表姐又摇头，突然一脸惶恐，良久她说：“怎么说呢，你姐夫看上去是你姐夫本人，思想记忆也是他本人，但是感觉他并不是这个世界的人，而是来自另外一个世界。”

我吓了一跳，“他是鬼啊？”

“不，不，不是……就像是电影演的一样，他好像是另外……怎么说呢……”

大表姐怎么也解释不出来，随后她跟我讲了前阵子的遭遇。

那时她刚得知怀孕的事，加上老公频繁出差，电话那边似乎经常有女性的声音，她很没有安全感，一个人在家又害怕。

那晚她生日，老公非但没按时回家庆祝，到了“晚安点”才接到他电话说上海那边出了点儿事得赶去救急。

换作平时大表姐一定是大发雷霆一顿怒吼，但是考虑到最近老公刚创业实属不易，而且那么晚还得赶飞机去处理，搞不好真的是很严重的事。再加上最近怀孕了母性气息爆发，反倒安慰老公别着急，一路平安。

此时，闺蜜跟她微信聊天，一听她老公出差，闺蜜立马就说一个人睡觉不能放两个枕头，否则容易出事……

这是什么梗？

大表姐第一次听说，她也是闲着慌，还真上网查了下，才知道有这样一个民间传言，说的是一个人睡觉床上不能放两个枕头，因为两个枕头意味着两个人睡，如果一个人睡的话到了半夜会引来不好的东西。

大表姐很不屑，认为这是封建迷信不会相信，而且之前老公出差那么多次也没出现什么异常。

她看了一眼床上老公的枕头，并不在意，倒头就睡。

谁知道睡得迷迷糊糊的时候突然听到开门声，大表姐惊醒，看到有人进来吓了一跳……

她赶紧开灯，再仔细一看原来是老公回来了，赶紧追问怎么了？

老公一脸阴郁，没回答什么，放下包，木然地往床边走过来。

大表姐担心可能是公司的事太过严重给老公带来打击，一直安抚着，可是无论她怎么安抚老公的表情都是一样木然，这让她很诧异。

此时，老公已经坐在床上，背对着她。

虽说眼前的人有点儿反常，但是自己的老公自己还是知道他的气味的，大表姐从后面抱着他，然后给他宽衣，安抚他早点儿休息。

奇怪的是老公并没有理睬，而是直接倒头就睡，还不到两秒就打呼噜了。

她也是无奈，只能给老公脱掉鞋子和外衣。

脱衣服的时候她仔细地看了看眼前人，确实是她老公，连身体上的痕迹都一模一样，唯一不同的是她感觉老公最近好像胖了点儿，给翻了几次身都翻不动。

一切稳妥后大表姐也躺下睡觉，睡前她又认真看了一眼自己的老公，确实是他本人，大表姐也没多想很快睡去。

但是她怎么也想不到的是迷迷糊糊忽然接到一个电话，电话那头是老公的声音，他说：“老婆，我到上海了，给你报个平安。”

大表姐很自然地回复让他早点儿休息，但是一说完她就吓坏了，老公到了上海？那身边躺着的“老公”到底是谁？

听到这儿我也吓了一跳。

难道“一个人睡觉不能放两个枕头”是真的？

我赶紧问大表姐到底怎么回事？

可大表姐却含糊其辞，一会儿说那个电话好像是在做梦，一会儿又特别扯地解释别人打错电话……我说你自己老公的声音你也听不出啊？

结果一会儿又解释说老公没回来，是她出现了幻觉。

我质疑幻觉也会有重量？你这个解释太蹩脚了。

我想着大表姐是不是“精神错乱”或者她给我编了一个故事，可是她为什么要编一个故事来陷害自己的老公呢？

我怎么也问不出答案，又不能强迫一个怀孕的大表姐告诉我所谓的真相。

千万别开着衣柜睡觉

关于“一个人睡觉不能放两个枕头”的事，其实还有后续。

我实在搞不清楚那晚回来的到底是不是表姐夫又不好开口问大表姐，她跟我说昨晚发生的事，并且让我判断一下她的老公到底是不是她的老公?

事情是这样的，大表姐的老公又要出差，这次要再出去几天。

大表姐纵有一百万个不同意但是这次老公是去谈投资，如果谈不定创业可能会失败。

身为他的妻子，以及未来孩子的母亲，她还是得站出来支持，于是一大早大表姐就帮着收拾行李。

不一会儿老公关上开着的衣柜，带着命令的语气对她说：“老婆，以后你别老开着衣柜睡觉。”

看到一脸严肃的老公她有点儿郁闷，但是想着可能他这次任务很重，太过紧张了，于是就应和说：“知道了，赶紧出发吧。”

说完把行李递给他，谁知道老公非但没走，还是一脸严肃地嘱咐着开衣柜记得关，千万不能开着睡觉。

她也听烦了，把他轻轻推了出去。

老公一边被推着走一边还是不停嘱咐着关衣柜。

相处那么多年，大表姐从来没发现他是一个那么啰唆的人，满嘴答应着送他进电梯。

一整天大表姐开过很多次衣柜，想起老公的话她都会关上。

可入夜后，她躺在床上特地看了一眼衣柜，似乎没关紧，留着一点点缝隙。

她想了想，也从来没听过不关衣柜睡觉会怎么样。

难道会有东西从里面飞出？大表姐当然不会信这个邪，翻身就睡了过去。

可能是怀孕的因素，她很容易就睡着，也可能是怀孕，她睡得很浅，迷迷糊糊似乎听到衣柜里面有动静。

再联想起白天老公异常的嘱咐，她还是被吓醒，赶紧坐了起来。

说也奇怪，衣柜的响声就停了。

到底怎么回事？

大表姐犹豫了会儿决定还是起身去衣柜那里看个究竟。

打开台灯后她小心翼翼地靠近衣柜，以前有无数次打开衣柜看到衣柜里的一切，可是这次她觉得衣柜里很黑，就像是一个无底洞，里面藏着她永远不知道的东西，一靠近那儿东西就会跳出来……

大表姐内心斗争了好几分钟才最后走近衣柜，原本她是想直接关掉，犹豫了一下她还是决定打开看看。结果不打开衣柜不要紧，一打开直接吓了一跳。

因为里面竟然有个人！

是一个长发女子。

女子竟然抬头看向她，她正要尖叫的时候发现自己竟然发不出声。

更可怕的是她发现这个抬头看向她的女子竟然是自己……

等大表姐坐起来才知道原来刚才是做梦。

真是虚惊一场，她琢磨着可能近期怀孕思想压力比较大，再加上早上老公神经兮兮的给她带来精神负担才会做这种怪梦。

偏偏此时，她又看了一眼衣柜——敞开着。

到底要不要去关？

大表姐思索了一下还是起身去关，之所以决定去关是她想验证一下到底一切是怎么回事。

为什么那晚老公明明出差了睡觉时又回来了，到底回来的是不是老公，到底那通电话是不是老公打来的？

为什么早上老公一再叮嘱她一定要关上衣柜睡觉？

跟她生活的老公到底是不是她老公？

大表姐边想着边走近衣柜。

在关上衣柜前她犹豫了一下还是打开看看，因为她想印证梦里出现的会不会再出现。

结果，柜子里面除了一抹月色映衬在衣服上，一切空空如也。

大表姐想不明白为什么会梦见自己躲在衣柜？

难道一切是有什么象征？

她想了想还是抬起了脚，自己躲进衣柜关上了门。

衣柜里很黑，似乎有些压抑，除了呼吸逐渐困难外，一切正常，并没有出现另外一个自己，也没有出现一个黑洞通向另外的地方。

一切再正常不过。

不过，衣柜里确实很阴森不宜久留，大表姐想着赶紧推开衣柜离开。

可在她推开衣柜的那一瞬间突然看到一个熟悉的面孔——老公。

对，是她老公。

而且外面很亮，像是白天。

可她老公好像没看见她，他似乎背着她跟着另外一个女子说话。

那个女子……大表姐吓傻了，那个女子竟然是自己。

大表姐吓得尖叫起来，却怎么也发不出声。

此时，老公突然关上衣柜，她能清楚听到他在说，对另外的自己说："老婆，以后你别老开着衣柜睡觉……"

这不是今天早上老公对自己说的话吗？难道自己回到了早上，可是怎么会在衣柜里，外面的两个人是谁？

……

听到这里我简直吓得发抖，但看大表姐表现得有点神经兮兮的感觉，心想是不是她真的在编故事，或者她真的有点儿精神失常呢？

我试探性地问后来怎么样了？

大表姐非常平淡地说外面的“自己”不是推老公出去坐电梯嘛，一开始她本着有人冒充她的想法拿了一根棍子等着，等那个冒充自己的人回来给她一记。

等那人晕倒在地上，她才确定那个人真的是自己……

听到这儿我突然不知道她跟我说的事到底是真是假，只能又问：“那……那个……女人在哪儿？”

问完我才明白自己不应该问，就在此时我似乎听到房间里的衣柜有动静。

难道……

大表姐似乎变得很警惕，眼睛一直盯着厨房，她该不会想灭口吧？

我们之前关系那么好……不对，眼前的大表姐还是我认识的大表姐吗？

千钧一发之际我找了个理由离开，大表姐竟然也很爽快让我离开。

我起身，很想快步跑出去，但理智告诉我得镇定，再举步艰难也得表现得依依不舍。

这一分钟的路程就像是万里长征一样艰难，幸运的是我看到了曙光，因为我一手已经握在门把上了。

奇怪的是门自己打开了，我正想着难道是天助我也时门外出现一个面孔。

一个我似曾相识的面孔。

是大表姐的老公！

我习惯性地问候："表姐夫好。"

可他好像不认识我似的，忽然对着我咧嘴一笑。

睡觉鞋子千万不要对着床

这个故事是阿伟跟我讲的。

他是我的高中同学，前几年当了一头被风吹上天的创业猪开起了网红主播经纪公司。当时还想拉着我一起干点儿事，本着一个只想靠才华当一个安静美男子的原则，我怎么能干网红直播的事呢，于是拒绝了。没想到多年后的今天他那家名叫猪头的公司竟然成了最大的网红经纪公司。这些都是后话，我划下重点：网红。

不要以为他会跟我讲跟网红那些不得不说的直播故事吧，没有这回事，他跟我讲的是艳遇。

任何一个男人都期待艳遇，这是被上帝写进基因里的，没有人敢反对。当然，能不能成、敢不敢做是另外一回事，但是阿伟作为网红公司的总经理，坐拥四千多名当红女主播后宫，怎么还吃着锅里的想着别人碗里的呢？

这你就不知道了吧？因为他遇见的是一名洋妞。

洋妞中文名叫娜娜，关于如何认识那个她，阿伟轻描淡写交代了一下，说是一个酒会上偶遇的。毕竟他不像我，会把所有撩妹方法无偿贡献出来。

两人当时一个身体里挂着一支哪儿都想钻的钥匙，一个眼里藏着冬天里的一把锁，就这样看对眼聊上天了。

问题是阿伟英语很烂，还能泡上洋妞，简直神了，不去当发言人真可惜了。

我问他又不会英语怎么聊天的？

阿伟笑着说开始确实有点儿尴尬，聊了会儿后娜娜用英文问他几岁？

他2会说，但是20不会说，用手指比了个2，本来是28岁，但是8想不起来怎么说，但对7-11印象比较深刻，就用英文说了7。

有趣的是那娜娜竟然听懂了，阿伟随后问她几岁。

国外的姑娘也是实在，叹了叹气说自己老了25了。

幸好他听得懂25，然后准备表达一句：不是的，你只有18岁，好看的姑娘永远18岁。

奈何英语词汇有限，阿伟一半中文掺杂点儿英语说完，娜娜竟然听懂了，还笑着用英文说谢谢。

此情此景，阿伟都不得不佩服自己的撩妹功力。

最后她终于说出实情，原来她会中文。

真是一段反被撩的成功案例。随后的剧情当然跟我所期待的一样，两人聊着聊着就聊到了家里。

是她租的单人公寓里。

当然，阿伟不是那样随便的人，用他的话说他是去给姑娘房间看看风水，然后给她布置下床单之类的而已。

而娜娜在中国这些年，非常相信民间的很多传闻，所以当然乐意。

阿伟的故事不是岛国的爱情片，他的前戏非常充足，两个人面对面坐在沙发上喝着红酒，毕竟酒会上只是微醺，现在他们需要醉。

阿伟俨然风水大师传人即视感跟她分析着整个房间的布置，并且交代她要入乡随俗，比如一个人睡觉最好别放两个枕头，如果非要放两个枕头可以让他过来勘察一下。

娜娜听得一愣一愣的，立马反问了一个事，她问："听说中国有个说法，睡觉时鞋子别对着床？"

阿伟一下子被问住了，但假装镇静反问："发生了什么事吗？你怎么突然问这个。"

她喝了口酒，似乎有点儿紧张地开始讲着她的遭遇。

那是一个平静的夜晚，她跟几个中国的朋友喝酒，聊起中国的一些灵异事件，提到有一个是"睡觉鞋子不能对着床，否则会引来阿飘"。

她当然不信这个，更何况自己是一个外国人，回家后她便忘了这事，匆忙洗漱好后躺在被窝里刷着手机。

谁知道又忽然看到睡觉鞋子不能对着床这句话，是一个陌生人给她发的微信，而这个陌生人并没有头像。

她一开始认为是刚才的几个朋友搞得恶作剧，发了一个"追打"

的表情，随即查看他的朋友圈，结果里面都是一些鞋子对着床出现的各种诡异事件。

娜娜正纳闷儿时对方又发来信息问她的鞋子是不是正对着床？

她侧身看了看自己的鞋子，还真是对着床，不知道怎的内心突然触动了一下，不过本着自己是洋人的本质区别，她还是躺回床上不多想。

此时微信再次发来信息，上面显示：谢谢你的邀请，我在路上很快来陪你。

她觉得对方不是一个恶作剧的朋友就是一个神经病，直接回复：我没心情跟你开玩笑，你再不说你是谁我真的生气了。

发完娜娜一直盯着手机等着对方回复。

很快对方回复了，却吓得她手机砸在自己脸上。原来对方发来的是一张满脸是血的面孔。

娜娜真的生气了直接拉黑对方，正要放下手机时微信又响起，打开一看还是那人发来的，说的是：我很快到。

不是拉黑了吗，怎么还能发信息？娜娜搞不太懂中文的软件，误以为是技术问题，所以不知者不怕，删了对方的号码就关机睡觉。

可能因为她是国外人，对于很多东方的神秘东西不太熟悉也不是很惧怕，关上灯后还真的睡着了。

可她怎么也不会想到床底下的鞋子似乎在挪动，似乎还脱离了地面。

好像是有人穿了上去走动，但根本没有人影，可没有人影鞋子怎么会自己动？

又传来鞋跟敲打地板的声音……

娜娜突然吓醒，开灯看了看四周，一片安详。

原来刚才做了一个噩梦，她松了口气，正要关灯睡觉时她特地瞥了下床边的鞋子。

鞋子安然。

不对……鞋子似乎发生了细微的变化，好像是离床更近了？

也不对，自己似乎记不清鞋子最初的摆放位置……

娜娜越想越害怕，一不做二不休直接拿起鞋子往墙角丢去，哪知道鞋子竟然自己走过来，她直接吓蒙了，本能地抓起被子盖住自己，可是被子外的灯光一直闪烁着、闪烁着、闪烁着，然后……又亮了起来。

一切好像恢复正常了？她也不太确定，只能从被窝里钻出来看看，外面似乎一切正常。

她拉下被子看了看四周，台灯正常亮着，鞋子安静倒在角落。她想着可能刚才是电压不稳造成的幻觉，根本没什么怪异的现象，人真是一旦害怕了就乱想。

娜娜彻底松了口气，伸手去关台灯睡觉。

万万没想到的是她还没按开关台灯自己就灭了，房门也突然被打开，闪来一道奇怪的影子。娜娜吓得尖叫起来……

祝你生日快乐……

生日歌响起。

娜娜仔细一看，原来是自己的好朋友给自己设计了这样一个别样的生日趴……

听到这里阿伟才露出了笑容：“原来是一个恶搞啊，吓死我了……娜娜你讲得真好，吓得我都不敢回家了。”

“那晚上就住下来好了。”

阿伟差点儿以为自己听错了，原本他只是调皮的一句话没想到娜娜竟然顺着他的套路继续开车。

看来今晚不一锅端真会遭天谴，想到这里阿伟就更主动了点儿，而且付出了行动，他把娜娜抱上了床。

而娜娜呢，当然是象征性挣扎几下就从了。阿伟心里美滋滋地想着今晚即将发生的事真的会载入他的史册，第一次艳遇，那么顺利，而且还是一个洋妞。

不过在脱掉娜娜防备那一瞬间他突然觉得怪怪的，为什么娜娜的床跟自己的那么像呢?

怎么会那么巧合?

他再仔细一看，不对，这里是自己的房间啊，难道是喝多了把她带回家而不是跟她回家?阿伟还没搞清楚时忽然瞥到床下的鞋，是自己的皮鞋没错，正对着床。

难道……

不会丢下旅客的飞机

很多人都有过误机的经历吧?

有些人是记错时间;有些人太掐时间出发耽误了;还有些人是路上遇到堵车……

无论怎样,误机是一件非常郁闷的事,你要办理改签甚至是退票,如果不得不走的话等下一班飞机又是猴年马月的事了。

前阵子私信里突然收到一封甜蜜的信,讲的是他因为误机而遇见的一段艳遇。

他的名字叫百发,百发百中的百发,一个男人的名字叫得如此动感,那得承载了他父亲多少不能实现的梦想啊。

言归正传,百发有一回过年回老家,买的是除夕前一天的机票。

当时他想着住的地方离机场很近就没约车,而且东西在晚上就打包好了,结果隔天他打开打车软件傻眼了,周围竟然没有空闲的车。

好不容易有专车接单了,结果是从东土大唐而来,上车已经是半个小时后。

他心想反正每次去机场都会空余很多时间，耽误了半个小时应该并不会有影响，但万万没想到的是临近春节期间的路况……

一路狂堵车，他都有下车拉着行李走到机场的冲动，好不容进了机场还有五十分钟，结果机场入口依然堵车。

百发想死的心都有，司机一旁安慰着说还有几分钟，你进去快速跑去紧急处理口办理登机还来得及。

百发心想着也只能狂奔了，结果一进机场他就傻眼了，里面的人都快排到门口了。

就连特殊办理口也排满人，他心想着完蛋了，人生头一次要去改签了。

很多时候，狗屎运不知不觉就会降临在你身上，就像此刻百发正要去改签时随意瞥见一处类似组长办理处突然有人来值班，而且没人排队。

他赶紧加大马力冲过去，没想到工作人员竟然接过他的身份证给他办理。

时间正卡在点上，一分一秒都不差，真的可以载入史册。

心头正乐呵时，工作人员抬头对他说："来不及了，去改签吧。"

一会儿天堂一会儿地狱，他欲哭无泪只能拉着行李火急火燎跑到改签处改签。

一路上他用手机查看下一班飞机，心里狂骂着，因为下一班飞机是下午，现在是凌晨5点啊！

但是没办法，再晚也得回家过年，再大的困难也阻挡不了他回家啊。

到了改签处，百发把身份证放在窗口，工作人员拿去扫了一下又把身份证退了回来。

他蒙了，问："难道还不让改签啊？"

工作人员说："不是，飞机晚点了十几分钟，你赶紧去紧急办理处办理，还来得及。"

剧情真是跌宕起伏，百发又赶紧拉着行李狂奔去紧急办理处，心想着上天还是眷念他的，特地晚点十几分钟让他回家。

可一到紧急办理处又出现了反转。

人都排到天安门了，就算飞机再晚点半小时他也赶不上啊。

百发放下行李望着接天莲叶无穷碧的队伍兴叹着，旁边刚好走来一个工作人员，他赶紧跟工作人员交流着飞机快起飞了能提前办理一下不？

其实这种情况通常都是无效的，毕竟来到紧急窗口办理的不都是快起飞的吗？但是为了回家即便是万分之一希望他还是要试试的。

结果……工作人员真的回复说这里排队的都是快起飞的，你赶紧排队去吧。

可是这队伍……他叹了叹气拉着行李正要去排队。

此时，旁边突然有个漂亮的姑娘跟他搭讪。

她问百发："你几点的飞机？"

他拿短信给她看。

她说："你的比我的早，快来不及了，可以排在我前面。"

一切来得太突然。

百发差点儿不敢相信她说的是真的，二话不说就排了上去。

快速办理完登机牌后他各种感谢，想着给钱似乎不合适，请客吃饭也不现实，于是递给她一张名片。

放平常百发一定多停留会儿展示他的撩妹魔法，但实在赶时间就赶紧跑去安检，结果……安检处车水马龙。

又抱着万分之一成功的可能性，他逮住一个工作人员就问马上错过飞机了怎么办?

工作人员一看他登机牌二话不说就领着他去特殊通道。

不是原来安检处最边角那个，是他之前从来没遇见过的特殊通道，而且他头一次一分钟之内搞定安检，并一路直接到登机口，真是神奇的通道。

百发来不及想为什么会有一条如此之快的通道，毕竟回家心切，他还是快速奔往检票口。

登机口已经没有旅客，就等着他最后一个上摆渡车。

行李提上摆渡车那一瞬间百发松了口气。

不过他万万没想到的是自己并不是最后一个，没隔着多久，真正的最后一个旅客上车了。

是一位漂亮的女生。

再仔细一看就是刚才让他插队的那位，当她上车抬起头他们相视的那一瞬间，彼此都温暖地笑了。

但由于隔得比较远，百发还来不及跟她再续姻缘时摆渡车已经到了飞机底下。

百发借着上飞机的间隙给她提行李搭讪，结果对方抬手示意自己没有行李。

他尴尬了一下就上了飞机，心想着下面该用什么话题才能让场面不那么尴尬。

没想到的是上天再次助他一臂之力，因为她的座位就在他旁边。

百发想着难道是她刚才听到自己跟工作人员的对话，目的地是一样的又那么帅，就让他先取票，她再取邻座的票？

真是一个经典的撩人不成反被撩的案例啊。

想到这里百发心头一乐，但是他知道待会儿聊天的时候千万不要点出来，否则姑娘一尴尬就不搭理他了。

那如何优雅地撩姑娘呢？

入座后百发想了很久决定先不主动出击，而是从书包里拿出一本《纳兰词》，还是竖排繁体字。

他认真地看了起来，意外的是姑娘却没有想要跟他说话的意思，反倒是有点儿犯困马上就要闭眼睡去的意思。

原本是想来一个段位很高的套路，结果……

眼看形势不对百发马上换了思路主动出击，轻轻拍了拍她的肩膀说："我这里有U型枕，借你用。"

"谢谢啊。"

"跟我说什么谢谢，该我谢谢你才是，要不是你让我插队我就上不了飞机了。”百发一不留神还是把这话说出来了。

很多事点破了要么就没意思了，各自走开；要么大家就放开了，立马干柴烈火。

她认真地看了百发一眼，他开始后悔起来，不该把这事点破，姑娘虽然想撩你但是会害羞。

哪知道她并没有害羞，而是非常淡定地说了一句：“真的不用跟我客气，这趟飞机一个人也不能少。”

百发纳闷，反问：“为什么？”

她突然露出一个非常诡异的微笑，然后说：“因为我是死神。”

此时飞机开始起飞……

杀一人救十人

1.

一个月内共有四名自杀者，而且自杀方式闻所未闻。

第一个是拳手，死亡方式是剖腹，死亡地点是废弃的格斗场，而且是被锁死的格斗场，最诡异的是看完录像才发现他是自杀。

第二个是拳手的老婆，死于下水道，死亡方式是被老鼠活活咬死。

第三个死者是某地区的主任，整个人被吊起来，死亡方式并不是上吊自杀，而是割掉腿动脉流血而亡，现场还发现一段死者的忏悔遗言。

第四个死者是一个毒贩，他被关在监狱里，没想到毒贩半夜突然发狂在墙上画诡异的图画，然后咬舌自尽……

警方花了两周都没有调查出什么，于是开始有“神在惩戒”的谣言传出来，因为死者都有不同污点，只有这样才能解释他们为什么自杀……

神在惩戒！谁会信呢？

但是确实有人开始相信，并且很多人开始根据信息寻找下一个自杀者。

遇到这样的事，警察局所有人都疯了。

从国外留学回来的年轻萝莉女警官苏丹担任该案件负责人，此外，局长还聘请了在大学执教的顾命过来指导，说是指导其实是监督加领导。

整天听一个邋遢大叔的命令，苏丹表示很不服气，但就像被家长安排相亲一样，她还得怀着在一起的心态象征性地交流着感情。

苏丹带着顾大叔依次检查了前面四起命案。

关闭的格斗场是一个完全密封的环境，而录像视频内，那个拳手表情呆滞，目光游离就像是被灵异东西附身一样，机械地拿着刀在自己的肚子上划开一道口子，里面的肠子直接流了出来，拳手一点儿反应都没有，放下刀直接跪了下来。

一旁的苏丹开始有点儿反胃，而顾命却神情凝重地说：不是自杀，是一起密室杀人。

苏丹不屑地问：大叔怎么判断的？他可是反锁在格斗场内，更何况有录像视频。

顾命说：你仔细看他的表情没？竟然没有一丝痛苦，再放大看看瞳孔，没有聚焦点。除了有疯狂的宗教执念或者化学药物麻醉，正常人不可能忍受剖腹自杀的疼痛……

苏丹打断：谁说的。

顾命疑惑：你还有其他见解？

苏丹：我也只是脑子一晃，还是不说好了。

顾命：说吧，也许对案件有帮助。

苏丹：先声明这是我在国外留学看到的一个重口味视频，两个老外在玩SM玩到最嗨点确实拿着凶器各种摧残身体，直到死亡……

顾命的瞳孔诧异到无限大，苏丹看到他的表情连忙闭嘴，顾命半天只回了一句：国外人真会玩。

苏丹撅起嘴，不服说：是大叔你太保守跟不上“污托邦”新时代。

顾命笑了笑说：学生们除了叫我顾老师外，还送我一个外号。

苏丹：什么外号？

顾命：漂移手。

苏丹一脸鄙夷：流氓。

2.

第二个命案现场，顾命只是粗略看了看就一个人在旁边玩手机上网，苏丹简直气炸了。

摆弄了半个多小时的手机后，顾命又去看了第三个受害者的尸体。

听完死者生前的忏悔遗言录音后顾命问：一个人如果选择自杀，临死前遗言应该是什么心理状态？

苏丹说：释然，平静？

顾命：对，但是你听完有什么感觉？

苏丹：似乎有一丝恐惧。

顾命点头，又问：一个位高权重的人把自己吊起来，却割掉动脉流血而亡，你觉得可信吗？

苏丹摇头。

顾命笑了笑说：连你这种棉垫大脑袋缺根弦的萝莉都认为不是自杀，那肯定是……

苏丹追问：是什么？

顾命一本正经地说：他杀。

苏丹：废话。

到第四个命案现场已经是晚上，苏丹已经第三次看到墙壁上的涂鸦依然是一脸不明所以，然而顾命盯着墙上的图案脸色瞬间变绿。

苏丹：怎么？大叔看出什么？

顾命说：难道你没看出人间炼狱吗？

苏丹：什么人间炼狱？

顾命：你看这图——剑林，你在看这里——拔舌地狱，你再看，火烧、破腹、摘心……

苏丹一脸吃惊。

顾命继续说：我明白了，原来凶手是以这样的方式来遮掩制造自杀假象。

苏丹追问：凶手是谁？

顾命笑了笑说：十殿阎罗。

苏丹更不明白了：十殿阎罗是什么鬼？

顾命说：不是鬼，而是阎罗王。

苏丹一脸不明所以，反问：所以大叔你是想说现在我们就去地府把阎罗王给抓了？你是不是林正英的僵尸片看多了？

顾命说：谁说阎罗王就一定在地府，谁说阎罗王不是一个人或者一个组织的代号呢？

苏丹不解，顾命继续说：早上我用手机上网查过了，第一个死者仗着自己是拳手从小到大一直欺凌弱小忘恩负义；而他老婆虐待动物还在微博上直播；第三个死者以权谋私，临死前的忏悔符合十殿阎罗的豁免条件；第四个死者身份就是毒贩。他们的"罪名"全部符合"十殿阎罗"前四殿的惩戒条件……十殿阎罗王一定是通过什么方法让他们自杀，一定要找出答案。

苏丹：可是我们花了一个多月都判断不出所谓的凶手，现在能抓到？

顾命笑了笑说：不能。

苏丹：所以呢？

顾命：我们要寻找下一个自杀者。

苏丹顿悟：对哦，之前我怎么没想到呢！

顾命：因为你污。

苏丹：污你大爷……

她想起之前误解顾命玩手机随便给死者下死亡定义，原来他在做缜密的逻辑判断，此时苏丹突然觉得原本邋遢吊儿郎当的顾命瞬间有种别样的气质。眼看晚饭时间到了，大家也都累了，于是她开口约道：大叔一起吃晚饭吧。

顾命反问：你约我？

苏丹愣了一下回答：对，约你。

顾命说：不好意思，我们不约。

苏丹傻眼，说：世界那么大你怎么不去看看。

顾命不解，说：可是我没时间啊。

苏丹汗颜：大叔，这话的意思是让你滚！

3.

如何锁定第五个自杀者？

顾命找到了窍门，每一个“自杀者”都是十殿阎罗惩戒的对象，也就是说他们都犯下了符合其中一殿惩戒的“罪孽”，第五殿也不例外，“阎罗王”惩罚的罪恶是——强奸。但是犯有强奸罪的人那么多“阎罗王”会选谁呢？

顾命笑了笑说：拳手的妻子曾经跑过龙套当过小演员。

苏丹一点就通，很快警员们就锁定了当年剧组的演员副导，不过这个副导演却在一年前失踪了，这下子顾命也跟着蒙了。

隔天，警局接到剧组报案，说他们在一个废弃的仓库找到副导，但是他已自杀身亡。

两人很快赶到现场，现场除了死者外，桌上放着一瓶毒药和一封遗书，遗书上大致写了他强奸了一个拳手的妻子又骗走一个想投资影视的房地产老板一笔巨款，所以躲了一年多，最后以自杀的方式忏悔罪恶。

顾命看到这一幕脸色发青：上当了。

苏丹不解，而法医也鉴定死者是服毒自杀，死亡的时间是一天前，但发现他四肢有瘀青和老茧。

顾命说：也就是凶手把他绑了一年，就是等那一天杀掉。

法医打断说是自杀，目前没有他杀证据。

顾命笑了笑说：五殿阎罗王司掌东北沃石下，而诛心大地狱必使受罚者心肠断，你们剖腹检查下他的内脏。

法医一检查果然发现心肠寸断，原来他之所以服药自杀是因为无法忍受心肠寸断的痛苦。

好不容易找到的线索就这样断了，苏丹询问顾命还有没有新的信息。

顾命说：还是找不到凶手。

苏丹反问：但是大叔是不是又找到了下一个“自杀者”的线索？

顾命转头笑着说：对啊，你怎么知道？

苏丹指了指遗书说：里面提到两个人，一个已经遇害，下一个难道不是这个地产老板吗？

顾命：看来小污女不光污，还有敏锐的判断力啊。

苏丹：拜托大叔，这点儿心理对抗思维我还是懂的。

顾命：是的，“十殿阎罗的惩戒”逻辑是对的，而且这个凶手有点儿意思，知道我们会找他，他还故意留下线索让我们去找。看来他是向我们宣战了！

苏丹：难道他想跟我们玩一场智力游戏？

顾命默认。

回到车里，苏丹发令马上联系老板并直接奔往他的私人别墅，顾命却制止她，苏丹不解。

顾命说：千万别去。

苏丹疑惑。

顾命继续说：除非你想去收尸。

苏丹不解，顾命说：其实凶手从第四殿就开始宣战了，只不过当时我没发觉。

苏丹似乎明白了什么，说：难怪你看到现场就说我们上当了，原来你一开始就发现了。不过，你为什么刚才不提醒我，等我们上车才提醒呢？

顾命笑了笑说：声东击西。

苏丹能明白，问：那现在去哪？

顾命笑了笑说：你不是约大叔吃饭吗？

苏丹说：吃你妹，现在才几点，吃吃吃。

顾命说：我没有妹妹。

苏丹说：那去吃翔。

顾命一脸无奈。

4.

他们并没有去餐厅吃饭，而是去格斗场。

废弃的格斗场有东西吃吗？当然没有，除非他们重口味。

顾命判断凶手既然是一边杀人一边斗智，那么去第五殿也就是老板家已经无济于事，因为凶手早就安排好了等他们去收尸.

于是他想趁这个档期一方面让凶手误以为他们出发去现场，实则他们来到最开始的地方寻找线索。

顾命问苏丹：如果你是凶手，如何离开案发现场？

苏丹：一种是杀完人后从正门走出，但是正门的监控并没有发现任何人，这个可能性不大；另外一种就是从窗户逃脱，凶手逃出去在外面锁上窗户，但是这种复古式的窗户怎么能在外面锁住呢？

顾命：所以你提到关键点了，根本无法在外面锁住，要么拳手是自杀，要么凶手杀完人就没离开过，而是一直等到别人打开大门，他再随着人群混出去。

苏丹：这不可能，发现死者后我们就封锁住了现场，任何人都要检查。

顾命：那是谁发现死者呢？

苏丹：格斗场的工作人员，难道……

发现“自杀”现场的老伯当然不是凶手，但是从他身上得到了很重要的信息。那就是格斗场被房地产商买下，而那老板在拳手死前来过。

顾命自言自语说：有趣，又绕过去了。

现在要不要去找这个老板呢？

顾命坚决反对，但是十分钟后他收到那老板死亡的信息，是另一个警队去的现场。

那老板当然还是“自杀”，只不过自杀得有点儿诡异。

他整个人坐在一个木桶里，皮被剥光，但是死亡方式却是他自己割腕流血而亡。

顾命气炸，特别是到了现场他惊讶地发现警员开门的瞬间那老板像是接收到信号，才割了自己的手腕。

顾命反复开关着门，除了门正常的声音他听不出其他的，更让人烦恼的是他明明制止所有人来这儿，为什么会有另一支警队过来呢？

顾命愤愤地说：我之所以没在第五殿的现场说出“声东击西”的计划就是怕我们中间有人是内奸，没想到都到了路上还是泄漏了信息，而知道信息的人只有……

顾命的意思是在怀疑苏丹？因为第一时间知道计划的只有她。

是的，苏丹站出来承认，但是她只是偷偷汇报给局长最新进展也提醒局长不要轻举妄动，但没想到……

他当然不会怀疑苏丹，只能说凶手又把这个智力游戏难度升级了，他能读懂警局所有人在想什么，所以即便顾命再怎么“声东击西”一切都还是回到起点，一切都在他的掌控之中。

想到这里顾命不但没有发怒，反倒心平气和说：好像晚饭的时间到了。

苏丹不解：大叔你在跟谁说？

顾命笑了笑说：这里不是只有我们两个人吗？先声明我可不想吃翔。

苏丹无奈：大叔你到底看上我哪一点？非得跟我抬杠，我改还不行吗。

顾命：哪一点？明明不是两点吗？

说完顾命盯着拿掉棉垫的苏丹，她恍然：擦，流氓大叔！

5.

这是一个很轻松的晚餐。

是的，这几天他们都没好好吃一顿，但是为什么顾命非要挑这个时候跟她有说有笑吃这个晚餐呢?

苏丹似乎也察觉有些不对劲儿，于是问：大叔你是不是有什么事隐瞒我？直接说吧。

顾命迟疑了一会儿，说：这么说吧，其实一开始我推断出你就是凶手。

苏丹傻眼，这是什么鬼推理?

苏丹：大叔你神经病吧。

顾命：四件案子之所以能伪装自杀，跟警局的人脱不开干系，所以一开始我怀疑有内奸。房地产老板的死让我把目标锁定在你身上，因为你一路上表现出的“傻白甜”其实是假象，你用一招“借刀杀人”，借局长的手开启了第六殿的惩戒，又是一招“调虎离山”破了我的“声东击西”轻松把我打回了起点，其实你才是高手。

苏丹一脸无辜：大叔你说什么我真的不懂。

顾命摇了摇头：但是当我知道第七殿的死者信息后，我又犹豫了。

说完顾命拿出一串手机号码，苏丹拿起来一看，这个号码非常熟悉，是的，是她父亲的手机号。

苏丹忽然哽咽，陷入恐惧。

顾命继续说：这是房地产老板最后一通电话，我记录下来。是你父亲的手机号吧?

苏丹哭着点头。

顾命：所以第七殿的死者信息又替你洗白了。还有另外一种可能性，就是你可以残酷到连自己的父亲都杀。当然，我绝不相信你是这样的人，虽然你父亲抛弃了你母亲。

此时苏丹语无伦次说：流……不，顾大……求求你救救我爸……

顾命摇了摇头说，晚了。

苏丹傻眼，顾命继续说：我已经把信息汇报给局长了。

苏丹：不……

顾命当然不会把信息汇报给局长。他是想试探苏丹的反应，最后他得出结论，凶手不是苏丹，而是一个更加可怕的敌人，他已经扰乱了顾命的所有推理。

这次到底要如何走？

良久，顾命说：你怕不怕最坏的结果？

苏丹含着泪摇头。

顾命：那好，一起去找你父亲。

一起去找苏父，难道他们是要去收尸吗？

到了苏丹家里，苏父却依然健在，而苏丹一会儿泪流满面一会儿兴高采烈把苏父搞得晕头转向。

但是顾命却蒙了，倒不是他期望苏父死，而是苏父没有自杀反倒让他怀疑整个“十殿阎罗”的判断，因为他清楚查到苏父确实劈腿了一个“90后”少女而抛弃了原配。

顾命自言自语说：不可能，十殿阎罗的推理肯定没错。

唯一的答案就是“90后”少女。

可苏父给他们的答案是他一年前联系不上她了，而且警察也完全找不到她的信息，难道她人间蒸发了？

正当他们陷入死局，搜寻警员在那少女家中的墙壁里发现了分尸。

当然，这个被肢解的尸体虽然被严重破坏但不是女性的躯体，经过调查和物件确认，死者为男性，是少女的富二代前男友。

正当所有人都陷入谜团时顾命却笑了，苏丹一脸不解还以为眼前的大叔疯了。

顾命：没错。

苏丹：什么没错？

顾命：是第七殿的惩戒，虽然我们这次又输了，但是我的推理没错。那少女还没死，我们有机会扳回一局。

苏丹：怎么救？

是的，这次如顾命判断扳回一局，因为他成功在城西海底世界的一个人造废弃石洞里发现昏迷的她。

苏丹疑惑顾命怎么知道她在那儿？

顾命解释说：第八殿都市王掌管大海底，正西方沃燋石下的大地狱……

6.

少女醒后却记不清是谁绑架了她，唯一有印象的是一股旱烟味。

得到这个消息顾命马上告知把格斗场的老伯抓了，接触了那么多人顾命依然记得他身上带有这股烟味。

原本以为需要催眠或者摧毁心理防线才能让老伯说出真相，没想到他全招了。

正如顾命推断的一样，老伯是十殿阎罗狂热者，认为这个世界已经没有信仰、没有底线、没有畏惧到极限，所以他试图通过惩戒罪恶来警示世人。

至于让所有人自杀的方法，老伯“文革”前曾是秘密成立的生化研究专员，虽然“文革”后他被打压得心灰意懒当了普通的场地管理员，但是当年的地下实验室还在，于是他利用药物控制所有人，而这个地下实验室就在格斗场下。

至此，轰动全城的杀人案件正式破案。

这次苏丹又来约顾命，却发现他没有一丝高兴。

因为他在想这本来是一场几乎没有胜算的对决，却如此简单地解决了，对手不可能没想到自己身上的旱烟味很浓，不可能没留一手。

难道他有更大的计划？

想到这里顾命愣了，此时苏丹的手机响起，她收到最新信息：那少女回警局登记结果被老伯杀害，随后老伯跳楼自杀……

十殿阎罗一下子开启到第九殿，顾命有点儿慌了。

更让他想不到的是到了现场才发现跳楼的并不是老伯，而是那个

“已死”的富二代。

富二代怎么可能又死一次？

也就是凶手逃亡了？

这到底怎么回事？

难道老伯会法术？

当然不是，法医那边找到一个答案，第七殿的分尸并不是富二代的，而是凶手从地下实验室搬的尸体。

随后他通过让富二代跳楼“自杀”，在警局杀掉少女的模式完成十殿阎罗的惩戒。

但他为什么要在警局完成呢？

也就是他要向所有人宣布任何罪恶都逃不了惩戒，即便是警察也保护不了，这也解释了他为什么故意留下旱烟的味道让顾命抓住。

原来这是一个局中局，顾命知道自己彻底输了。

不对，还没输，是十殿阎罗，还有最后一殿，还有最后一次机会。

但是他们这次能那么容易就找到凶手吗？

就在犯难的时候顾命看到地上有字，他走过去一看，地上用血写着“苏丹”。

7.

苏丹是第十殿的惩戒对象？

还是她才是最后的凶手？

无论如何，顾命一定要找出答案，他像是疯子一样拉着苏丹开车往格斗场驶去。

“十殿转轮王，专司各殿解到鬼魂。分别核定，发往四大部洲何处。”

十殿是最后一殿也是一个轮回，一切都要回到起点，他知道只有那里才能找到答案。

果然，那老伯并没有逃跑，而是在这里等着他们。

这点顾命一点儿都没怀疑过，他知道他一定在这里完成最后一殿惩戒。

老伯当然也相信顾命会把苏丹带过来，因为他已经成为“十殿阎罗”里的一枚棋子。

顾命当然不相信自己是一枚棋子，他要做的“以彼之道还施彼身”。

但是他完全没想到他们两个人合起来竟然还是打不过一个瘦弱的老伯。

顾命躺在地上奄奄一息，而苏丹被他绑在柱子上。

老伯摆出了一排杀人道具，是的，他要开始肢解苏丹，他选了一把最小的刀，也就是他并不想一刀让她毙命，而是慢慢肢解。

顾命想爬过去制止，却发现自己动弹不了，只能远远听着苏丹疯狂喊着：顾命，你醒醒！醒醒！

而且她是朝着老伯喊的。

顾命非常不解，这到底怎么了？

他再仔细看了看自己的手，发现自己手里握着一把刀，而前面就是被绑的苏丹。

他转头看到地上躺着的老伯穿着警服，自己则穿着老伯的工作服，到底这是怎么一回事？

难道自己得了妄想症？妄想了一切。

难道自己才是真的凶手？

顾命完全接受不了这个事实，他高高举起刀，一落，鲜血飞出。

血溅了苏丹一脸，是的，顾命选择了自杀。

8.

顾命醒来时发现自己躺在沙发上，他看了看自己的肚子，竟然没有自杀的痕迹，再看看眼前，苏丹穿着正装坐在他面前，手里拿着一个摇晃的怀表。

难道自己被催眠了？

是的，苏丹告诉他所经历的“十殿阎罗杀人事件”都是被催眠后的梦境。

原来所有死去的人都是顾命的分裂人格，苏丹催眠他后配合演了这场戏是为了救顾命，因为他的其他十个人格都有严重的社会危害性，最后苏丹救了顾命的主人格。

但是这种为了救一个人而杀了十个人格算不算杀人呢？

好像法律上没有这种定义，而苏丹认为这是对的。

然而顾命坐起来时好像并没有感恩苏丹。

他说：你实在太聪明了，差点儿让我以为自己就是杀人凶手。

苏丹不解。

顾命说：其实你才是十殿阎罗最后的凶手，从一开始选择你父亲当惩戒对象就是为了摆脱嫌疑，到最后你为了打消我的顾虑把自己也列为最后的惩戒对象。我承认我不如你聪明，但是苏丹你别忘了聪明反被聪明误，你实在太聪明了，把一切安排得天衣无缝，所以越是无懈可击就证明你越有问题。

听到这里，苏丹没有反驳，反倒笑了。

顾命：其实你才是那个杀人的人格。

听到这里，苏丹忽然拿起手中的怀表。

不过她似乎晚了一步，顾命手里的刀已经插入她的肚子……

再次醒来时顾命发现自己依然躺在沙发上。

眼前的人不是苏丹，而是穿着医生服装的老伯。

老伯笑了笑说：恭喜你。

顾命也笑了笑说：谢谢你最后救了我。

离开医院后顾命整个人非常轻松，往后的日子里他再也不用受十个人格的控制，他终于活回了自己。

然而有一天，他忽然在新闻头条上看到一则新闻：一个拳手在城郊一处废弃的格斗场剖腹自杀……

时间囚徒

1.

在女友的强烈要求下，苏晓周末还是跟她回了老家泉州，名曰旅行，实际上逃不过变成一只宠物的命运被一大堆三姑六婆指指点点。

为了给家里人留下好印象，苏晓在涂门街附近租了一间日租房，女友则早早先回家。

不一会儿响起敲门声，打开一看是房东阿姨提来热水壶问要不要热水？

“好的，谢谢。”

随后阿姨又介绍大厅桌上有自制的泉州旅游路线，有需要可以自己拿。

可能是路途颠簸太累，苏晓等着等着就睡着了，一觉醒来已经是隔天，他正想着女友怎么没过来叫醒他时响起了敲门声。

可能是她怕打扰自己睡觉就先回家休息吧？苏晓边想着边过去开门。

但是出现在眼前的并不是女友，而是提着热水壶的房东，她问要不要热水？

“不用了阿姨，我马上就要退房走了。”

“退房走？你不是刚登记入住吗？”房东诧异。

苏晓就更诧异了，阿姨不是很老啊，什么记性，“我都住完一天了。”

“一天？怎么可能，你女朋友刚刚才离开。”

怎么可能？房东是不是搞错人了？

房东阿姨为了证明自己不是“老年痴呆”还特地带他到楼下查看登记表和日历，确实是入住那天。

可是苏晓明明住了一整天，难道真的是穿越了？

2.

从涂门街头看到街尾，都是11月20日。

房东没有造假，时间果然是昨天，看来真的是穿越了，让苏晓更郁闷的是他根本联系不上女友。

苏晓想着穿越就穿越吧，今天好好浪一把，明天醒来应该就没事了吧？

享用完牛肉羹和咸饭后他发现忘记带钱，本想偷偷溜走吃霸王餐，不幸被小吃店的老板发现。

老板是一个脾气很坏的老大伯，抓着苏晓的领口一口一个“干恁娘”教训着。

苏晓也被惹怒了，不就是欠顿饭钱吗，大不了下次补上怎么能被侮辱，一想到这儿他用力一推，没想到老大伯不受力直接跌倒头磕在玻璃门上。

玻璃碎了一地，老大伯也头破血流，苏晓吓傻了，周围一群看不惯他的年轻人直接围过来对他拳打脚踢。

苏晓本能地逃跑，一路被围追堵截，彻底摆脱所有人已经是凌晨。

他躲在一个废弃的垃圾场里，满身狼狈、异常落寞。

真是糟糕的一天，无意杀了人，这下子得判个几十年吧？

想着想着，可能是太过疲倦，他靠在垃圾堆上睡着了。

……

一阵平常不过的敲门声。

苏晓心想怎么会有敲门声，他艰难地睁开眼后恍恍惚惚发现自己躺着的地方竟然是日租房。

谁把自己送回来的？

苏晓打开门一看——房东阿姨！

怎么又回到昨天？难道他并不是穿越到昨天，而是被困在同一天！

3.

古厝茶馆。

又是一个悠长的午后。

但苏晓疯了，彻底疯了。

被困在同一天，永远也找不到女友，一开始还以为可以各种瞎玩，哪怕干点儿违规的事，因为隔天就重新启动，但是他的一年是同一日，即便避开这些熟悉的陌生人，哪天所有记忆都重叠在一起，直接可以让他崩溃掉。

可这个时间监狱，到底该如何破解?

此时一阵清脆的琵琶声传来，转头一看是一个穿着旗袍横抱着琵琶唱南音的姑娘。

不知道为什么，在这一刻苏晓被深深吸引了，仿佛普天下的水装在一起，都不及初遇伊人的美丽。

也就是在这一刻，在这度日如年的痛苦时间监狱里，苏晓仿佛有了目的——追上她。

等她一曲唱完后，苏晓内心已经储备好一百种撩妹套路，信心爆棚地走过去对她说："姑娘，你……"

她疑惑地看着他。

妈的，怎么紧张得说不出话啊，早备好的两句情话怎么读来着?

姑娘正要绕开，苏晓连忙拦住，"姑娘，你的……你的……鼻毛好性感……"

擦，这是什么狗屁情话。

哎，首次出击失利，姑娘内心一定灭了灯狂喊一百遍"负分滚粗"，都怪平时没实战经验，一到关键时刻就紧张，难怪吃巧克力就会过敏。

不过万幸她明天就不认识自己，这时间监狱还是有点儿好处的。

晚上回日租房苏晓便开始排练搭讪套路，他想着姑娘是古厝茶馆里的艺人，可以点首南音，这样就可以面对面听她唱歌，唱完后可以闲聊几分钟，这个时候不紧张的自己一定口若悬河祭出撩妹三板斧：吉他、摄影、豆腐乳。这样姑娘一定心酥，效果好的话她估计会生扑……

想到这些苏晓美美地睡上一觉，天一亮就跑去古厝茶馆。

可没想到问了一圈竟然没有人认识唱南音的姑娘，到底怎么回事？

4.

不过苏晓依然不甘心一直等到午后，终于等到姑娘到来。

原来她并不是茶馆里的工作人员，而是陪朋友过来喝茶的南音爱好者。

本着将错就错原则，他搬了把凳子在旁边蹭听，一曲罢苏晓叫好疯狂鼓掌起来，周围的人都转过来看他，搞得他瞬间尴尬停下了掌声。

“姑娘，你唱得真好，简直就是天籁之音。”

还没等她开口，一个声音抢话反问：“死囝啊巴画虎烂，你说说她唱的什么？”

苏晓转头一看，心颤了下，竟然是小吃店的那个老大伯，怎么老跟他过不去似的？

不过他很快恢复平静，因为老人已经不认识他了。

可唱的什么呢？苏晓嘴角抽搐了一下。

姑娘也没为难他，象征性点了下头走开了。

现场只留下一个尴尬的他。

当天晚上苏晓上网查阅了所有关于南音的信息，甚至听了几十首南音，最后得出一个伟大的结论——听不懂。

南音一个字能唱五六秒，蛋疼死了。

不过想着盘丝洞就立在眼前，再难的路也得跨过去，想想洞里的紫霞仙子和漫漫的长夜，苏晓马上来了动力，终于用了半年的时间学会了南音姑娘唱的《因送哥嫂》。

趁着学习期间他也打听到姑娘的名字就叫南音，因为他父亲喜欢南音，希望自己的女儿叫南音又会唱南音。同时她有很多文艺爱好，最要命的是她只喝茶不喝咖啡，苏晓马上脑补了自己又要用半年时间来学习茶道的画面……

隔天将又是终极一战。

这次苏晓没有给那老大伯机会，南音还没唱时他便主动邀请女弹琵琶男唱，没想到她竟然同意。

一曲罢，苏晓仿佛看到一朵微笑在她脸上荡漾开来。

离开前，他也轻松获得两人在涂门街散步的机会。更巧合的是穿着旗袍的南音正要拍组照片宣传南音，苏晓不会别的，天生自带三脚架射……哦不对，是摄……

白色旗袍如青花瓷一般衬着一壁的红砖乌瓦，苏晓小心翼翼按下快门，却没想到忽然听到一阵尖叫声。

眼前的南音被楼上一盆花砸破了头倒在地上，而楼上站着的正是在浇花的小吃店老大伯!

5.

看着眼前流血过多而身亡的南音姑娘苏晓几乎癫狂，不过痛苦中苏晓似乎想到些什么，好像老大伯一直在阻止他，而南音像是一把锁等着他去开启。

到底一切有什么必然联系？

苏晓还没想明白时又听到熟悉的敲门声……

他一路奔到文庙前的广场，通过之前的信息他知道南音就住在附近的古厝，每天早上都会路过文庙。他只要在这里征服她，一切就将改变。

果然，一直到了中午，苏晓终于看见她从南音音乐府出来。

鉴于这半年多的南音练习，他很快获得她的信任，并获得跟她一起吃午饭的机会，而午饭的地点是那老大伯的牛肉羹小吃店。

再次见到那老大伯，苏晓内心骂了句“该死”，但表面上依然开心地点了两份午餐。

吃完后苏晓摸了下口袋，糟糕，他来得太匆忙又忘记带钱，眼前的姑娘穿的是旗袍，也没带包，肯定也没钱。

难道带着她一起吃霸王餐？但是上次失误杀了老大伯苏晓至今心有余悸，怎么办？

“这顿饭我请客，整天免费听你唱南音都没什么好报答你的，刚好请你吃饭。”老大伯忽然说。

听到这苏晓松了口气，有了这句话算是躲过一劫。

“但你的不免费，付钱。”老大伯转头对苏晓说。

擦！

就在此时，忽然一声电流碰撞的呲呲响声，苏晓转头一看，马路边的电工维修电压表出现失误，整根高压电线掉了下来直接往小吃店荡过来。

碰到这样的高压电直接能把人烤焦吧？

偏偏电线朝着南音荡过来。“小心！”苏晓喊完直接推开了她。

眼看电线从他们中间飞过，两人都躲过危机，电线并没有停下来而是直接砸向了老大伯。

“呲”老大伯应声而倒……

6.

这到底怎么回事？

只是一个巧合还是这是时间监狱里的规则？

苏晓回想起前几次与老大伯的交锋，仿佛老大伯就像是黑客帝国里的卫兵一样，一直在消灭这个系统里的错误代码。

对，苏晓发现历史就像一个大机器，改变了这边，另外一边就会有反应，仿佛是出现了BUG就会有安全软件来修复。

到底该不该改变？

但似乎再怎么改变也是徒劳的，因为明天就将重启。

不过是不是有了改变就会打破这个魔咒？

直到一百次撩妹失败后苏晓终于得到蛛丝马迹，南音对他说有一种莫名的熟悉感，似曾相识故人来。

原本只是一句诗意的话但在苏晓心中却荡起了涟漪，因为此前一百多次见面南音并未说过类似的话，而说这话的原因是不是预示着时间监狱的结束？

想到这些苏晓动力十足，凭借着以往一百次失败经验总结出来的撩妹套路，他带南音体验了蛇汤羹、逃票爬清源山被保安狂追、跳进洛阳桥里捞小鱼……

这些对于南音来说都是非常刺激的体验，但对于从小怕蛇怕水的苏晓来说简直就是折磨，而且是折磨一百次。

阳光总在风雨后，鉴于上次太过着急直接约南音喝酒后回日租房拍照失败，苏晓这次准备好了全新方案。

“晚上我们一起喝酒看哆啦A梦吧？”苏晓说。

南音愣了一下说：“幼稚。”

苏晓嘴角抽搐一下，想着晚上继续送她回家明天重来换个方案吧。

“不过我喜欢，走吧。”

苏晓满眼亮星星，果然他查看到南音同学录里写着《哆啦A梦》是对的。

一切如期顺利，南音看到桌上早已准备好一百次的禄来双反相机后主动邀请苏晓给她拍照。

很快苏晓也祭出了撩妹三板斧，洗完照片挂上墙上已经是凌晨两点多。

苏晓看着南音小心翼翼地说了一句：“很晚了，要不……”

“你……”

“我睡地板你睡床，我保证什么都不动。”

“你也睡床吧。”

苏晓惊喜不已：“这……不太好吧？孤男寡女干柴烈火美女野兽，万一着了……”

南音打断说：“我走了，你慢慢唠……”

“别！”苏晓连忙拦住。

“让开。”

苏晓还是挡在门口，南音愤然拉开他开门而出。

一阵温润的雨，南音发现自己被按在门上嘴直接被封住，一开始她还象征性地挣扎了几下，后来慢慢就顺从了，两人从门口一直吻到了床上，最后上演了东京好热大戏。

什么撩妹套路都不如直接生扑，苏晓内心骂了自己一百遍，早知道一年前就应该用这招了。

办完人生大事后两人交织在床上，苏晓在想自己终于追上了南音，不知道是否能打破时间魔咒，如果不行他以后的人生将是初恋无限次，如果可以明天的南音是否还能记得起自己？

7.

依然是敲门声叫醒了苏晓。

苏晓赶紧睁开眼睛看了下身边的南音，结果空空如也，看来一切又重启了。

不对，椅子上还挂着南音的外衣，洗手间有流水的声音，也就是打破了时间魔咒了！

是房东阿姨按时送热水，苏晓还特地问了下时间，阿姨说是21号。

真的打破了，苏晓异常兴奋。

拘留期也正式结束，苏晓和南音下楼结账离开。

出现在结账台的人不是别人，而是小吃店的老大伯。

苏晓诧异不已，简单交流才知道原来他跟房东阿姨是夫妻，两人一边开小吃店一边经营日租房。

苏晓摸了摸口袋，忽然想起钱在昨天已经全用完了，他尴尬地看了看南音。

南音笑了笑从包里找钱包。

老大伯开玩笑说：“年轻人啊，悠着点儿啊，省着点儿用。”

这番话简直太一语双关了，苏晓有点儿不好意思。

老大伯说完便开始翻开住房记录，苏晓随意一瞥，没想到发现上面写满了自己的名字，仔细一看竟然是自己的这半年内的住房记录。

这到底怎么回事？

同一时间南音从钱包里取出钱给老大伯时忽然掉下一张照片。

苏晓捡起来一看竟然是他跟南音的合影，他们什么时候合影过呢？不对，他们似乎合影过很多次，像是情侣一样。

难道南音是他的女朋友？怎么可能，苏晓有女朋友，可是他发现自己好像记不清女朋友的样子！

苏晓发现自己根本想不起任何事情，到底怎么回事?

南音连忙夺走照片。

苏晓质问，南音厉声说了一句：“这是对你劈腿的惩罚。”

他还没反应过来，南音转头对老伯说：“我再开一天的日租房。”

……

敲门声响起，苏晓醒来发现自己在日租房里……

死亡直播

1.

杨杨头一次在直播中边脱衣服边跳艳舞，她看着评论区有不少人大跌眼镜，但绝大多数的人起哄欢呼让脱快点儿……是的，虽然她一脸不情愿的样子，但不得不继续跳着，还得假装很开心的样子把外衣脱掉，因为在她后面不远处有一个枪口对着她……

对于很多宅男来说直播是好东西，他们平时没有机会跟女神聊天，现在可以通过直播跟她们面对面交流，就像是两人夜晚视频聊天一样，而且还能通过最简单粗暴的打赏方式获得女神的青睐和飞吻……

但直播刚兴起时大多数的直播都比较low，女生们每天不需要干什么只要在上面吃东西聊天就能赚到钱。有一些赚快钱的人各种秀下限博得打赏，更有一些通过打赏筛选加微信小号建立线下服务，因此直播救活了一大批胸大无脑化妆品只用美颜的无业大龄女青年，也坑了一大批不敢走出去谈恋爱整天看着视频意淫花钱找罪受的大傻瓜。

杨杨是众多直播女神中的一员，开直播前她的男朋友发微信约晚上一起吃饭。

她回了一句：好，晚上过来接我，我先直播了。

男友已经习惯了她的直播，毕竟也是一个赚钱的渠道，也习惯了在她直播过程中假装自己没有女朋友不打扰她，毕竟很多人不愿打赏给一个有对象的直播女。

如往常一样，杨杨先跟大家问好，简单挑几个问题回答，感谢下谁谁的打赏，跟几个等级高的客官侃大山，然后应打赏最高者的要求唱歌，对方点的是《香水有毒》这种口水歌。

杨杨最讨厌这种歌曲了，歌词写什么“你身上有她的香水味，是我鼻子犯的罪，不该嗅到她的美，擦掉一切陪你睡……”但是没办法，客官打赏了费用最高的道具，如果你不唱下次别人就不打赏了。

反正直播的唱歌都是外放音乐，自己轻轻跟着哼而已，客官要的是一个你听话的体验，并不在乎你唱得如何，可杨杨唱到一半时却听到有人说：唱歌跑调不如狗叫。

她心想今天怎么会有人砸场子呢？

不对，怎么是语音？

直播过程客官只能留言根本没法语音交流。杨杨看了下手机，这手机是专门直播用的根本没有手机卡，到底怎么回事？

2.

只听到那神秘的男性声音说：虽然你唱歌不好听，不过你卖弄风骚跳的电臀舞还不错，要不给大家再来一段？

杨杨吓了一跳，心想他怎么知道自己会电臀舞？虽然直播过程有跳过舞，但是电臀舞只有少数的打赏客官看到过，难道他也是其中一个？

杨杨：你到底是谁？

那人回答：我啊，我是一个观察你很久很久的人，但你不认识我。对了，跳的过程记得边跳边脱衣哦。

杨杨：神经病……

就在此时评论区炸开了，杨杨回过神来注意到她的话所有人都能听见，她赶紧解释有人电话“性骚扰”她，她严词拒绝。

听到手机里的女神被调戏，广大的粉丝们当然炸开锅，纷纷力挺女神。

那个神秘的人也不甘示弱，威胁说如果杨杨不跳就要在评论区里随机杀一个人。

评论区里随机杀一个人！杨杨不信，客官们更不可能信。

甚至有一个等级比较高名字叫小KK的用户留言说：不用随机，杀我啊，来啊。

神秘人冷笑一下说：好啊，有人主动请缨，十分钟，十分钟后你还没跳就杀他。

杨杨转述给所有人听，小KK发出一个大笑的表情，留言：我洗干净屁股等你。

对于这个恶作剧，杨杨并没有感觉到危险，反倒觉得多了一种跟客官们互动的契机，打赏的人更多了。更有用户留言说如果小KK被杀他送十个“火箭”，所以她并没有挂掉电话，边聊天边等着时间。

时间一分一秒流失，小KK非常活跃，并表示十分钟后他要放个火箭庆祝。

十分钟一到，满屏留言问小KK死了没？

小KK发了一个表情证明自己还活着，随后让大家等着他的火箭。

看到这儿杨杨乐开了花，一嘴一个飞吻感谢。但是等了三分钟也没见火箭道具，她太了解他了，好几次他们约会他都很大方不会在意这点儿小道具，他不可能耍赖，难道他真的被杀了？

3.

杨杨赶紧给小KK打电话，电话那头关机，到底怎么回事？

神秘人终于又出声了，他笑了笑说：怎么样？这回你相信了吧？

杨杨：你把他怎么样了？

神秘人没有回答，而是继续说：你不是很喜欢跟人裸聊嘛，我要求不高，你先脱掉外套。

杨杨：脱你妹……

客官们追问怎么回事？

杨杨跟大家说抱歉要下线，但是神秘人忽然威胁如果关掉就杀了她。

杀掉我？杨杨心想着怎么可能，且不说小区很安全，她住的房间门和锁都是双层防盗。

杨杨除了爱美、爱吃、爱睡觉，平时还有一个爱好，就是看本格推理小说，她怀疑这是不是一个阴谋？

想到这里她号召大家多帮忙调查，并且说出小KK的地址，问谁在附近？

果然有一个叫“吊炸天”的客官是小KK的邻居，几分钟后他留言说小KK在家，只不过手机坏了正要去维修。

杨杨松了口气，谁知道神秘人又笑了：真是自欺欺人。

杨杨：谁自欺欺人？你这个王八蛋骗子赶紧滚，否则我报警告你性骚扰。

神秘人说：我是骗子？好，这次我再选一个，哄哥，他好像是打赏第一名……后来他好像也给你很多小费吧……也多次背着老婆跟你滚床单吧。

杨杨：你血口喷人……

说完她还是很担心，倒不是担心哄哥的安危，而是那神秘人似乎掌握她所有信息。

哄哥今天并没有过来看直播，由于哄哥平时比较活跃，认识他的人也比较多，六六就是他的一个“好基友”，也在他小区对面。

杨杨让六六去找下哄哥，确定他的安全。

六六并没有马上行动，而是在评论区留言：我似乎看到有东西从哄哥家阳台上掉下来。

杨杨吓了一跳，赶紧追问：你看清楚了吗？到底是什么，会不会是垃圾袋？

六六留言：好像是一个人……

4.

评论区又炸开锅了。

其实六六也不确定是不是哄哥跳楼，窗户被树木挡住大半，他无法判断。

六六：大家先别着急，我去查看下……嗯？有人敲门，有人来了，我先去开门。

大家都在等六六的回复，但是五分钟过去了六六并没有任何回复，手机同样也打不通。

难道开一个门需要那么久？难道过来敲门的人是凶手！

想到这里杨杨慌了，她又开始求助。

此时，评论区有个叫“H”的客官说跟六六住同一个小区，可以帮忙去他家看看。

H：嗯？怎么有人敲门？

看到这里杨杨更加紧张：你先别着急开门，看看旁边有没什么防身的东西。

H：有一把吉他。

杨杨：那也拿着以防万一，确定敲门人的身份再开门，如果是快递千万别开……

H：好的……敲门声停了……不好，这是开锁的声音，他似乎是要自己开锁……怎么办？

杨杨：H你先别慌，先从窗户逃出去。

H：好……不对，我在十楼，怎么跳下去？

杨杨：啊……你赶紧报警。

H：好……不好，门开了……

随后一片平静，H再也没有发布评论，评论区又爆炸了……难道他也被杀了吗？

就在此时，H又出现了，他发了一个“血刀”的表情，杨杨吓傻了。

H：不好意思，发错表情，我没事，是妈妈提前回家，虚惊一场。

评论区一片骂声。

很快，H到了六六的家里，也实时直播了交流过程：敲门、六六开门、六六手机坏了……

H：我跟六六是同学，久别重逢，现在正跟他喝啤酒，跟大家报一声平安。

看到这儿杨杨松了口气，然而耳边忽然传来一阵笑声，是神秘人的笑声。

他到底在笑什么？

此时评论区有人留言说自己也和小KK同一小区，好像是上下楼，而且自家的阳台上好像有血迹，是从楼上滴下来的，怀疑小KK是不是出事了。

小KK不是很安全吗？而且不是有人证明过了吗。

吊炸天也过来留言理论：我刚跟他交流过，他很安全啊。

杨杨：你还记得小KK长相吗？

吊炸天：当然，他左脸挨着下巴处有一颗痣。

杨杨：什么？这不是小KK啊？你是不是找错楼了。

吊炸天：没有啊，不是13号楼A座吗？

杨杨：是……B座……

5.

难道小KK真的死了？

杨杨忽然有点儿慌了，她回想所有细节，如果小KK真的被杀，哄哥也有可能被推下楼，那么六六也有可能被杀害，可现在跟H一起喝啤酒的是谁呢？

杨杨：H你还在吗？你们在干吗？

H：在，六六在阳台弄烤肉呢，待会儿我们一起烧烤。

烤肉？看到这儿杨杨吓了一跳。

杨杨：H，你赶紧逃走，赶紧……

H：逃跑，怎么回事？

杨杨：他有可能不是六六，赶紧逃……赶紧……

不一会儿是，H回复：完蛋了，大门没法打开，到底怎么回事？

杨杨慌了，她赶紧拿起手机报警，但是却打不出电话，到底怎么回事？

原来是男友来电问直播结束没，下班后可不可以上来接她？

她正要让男友报警别过来，还没开口时神秘声音又响起：你让他来，否则他将会死在半路上……

神秘人又开始让她起身跳电臀舞边脱衣服，而且他邀请了一个客官来杨杨这。

神秘人笑着说：之前你们不是很喜欢玩SM游戏吗？待会儿你们俩个人可以直播，顺便排练一遍给你男朋友看，相信他一定会更加爱你的。

听到这儿杨杨疯了，她曾经确实因为抵挡不住金钱的诱惑做了很多妥协，但是自从有了男朋友后她已经金盆洗手，没想到这个人怎么都不肯放过她。

但是她又不得不跳，神秘人已经杀了四个人，现在男朋友很危险，包括自己也随时可能被干掉。

可如果她真的跳了，不相识的客官带着奇怪的道具过来，最后男友打开门看到这一切会不会凌乱了，而且全程都在直播，她一定彻底身败名裂……

不！杨杨还是拒绝了。

她理智地推断判定一切是一个大坑，首先并没有直接的证据证明四个人被杀；其次，有可能神秘人只是一个黑客，他一定看很久直播而且看得入戏，花光所有钱却没法获得自己关注，最后心理扭曲黑入直播间收集了所有人的信息然后设计出这个严密的局，目的就是为了操控自己获得快感。对，他一定就是这样一个变态！

想到这里杨杨更加明确自己的推断。

然而就在此时，她发现桌上有一个小红点，她转头一看，是一条细小的红线对着她的头部，红线的尽头是一个黑色枪口……

6.

神秘人：再不跳先死的是你。

与此同时，H又说大门反锁没注意，六六帮他打开了，误会一场，六六人很好，现在他下楼了。

杨杨很诧异，到底谁的话是真的？

H忽然又留言说要去找杨杨，评论区很多人问他怎么有杨杨的地址，他去那干吗？

H回复一个表情，然后说直播造人给大家看。

杨杨恍然大悟，原来神秘人邀请的人是他，她知道H有可能也不在了，是六六拿着他的手机在回复，不对！六六有可能也不是六六，而是……

杨杨开始起身跳起电臀舞，她跳得很慢很慢，但是依然性感，评论区里的人似乎早已忘记“杀人事件”，开始起哄让杨杨脱衣。是的，他们会义愤填膺蜂拥追逐一个维护正义的事件，但只要有勾起他们欲望的新鲜事出现，他们很快又遗忘上一个事件创造下一个热门话题。

杨杨知道“供养”她的客官就是那么容易遗忘，一瞬间能把你捧成女神，一瞬间也能把你践踏成婊子。她更知道这次的舞蹈是最漫长的一次舞蹈，她不能停下来，因为她只要停下来枪声就会响起，后面的子弹会飞过来直接穿入她的身体。但是如果她不停下来，继续跳就要脱光了，待会儿还有一个神秘人要带着奇怪的道具过来欺凌她，最后男友开门……

杨杨跳着跳着忽然发现自己好像回到童年的家乡一样，她和一群小伙伴们在草丛里看到一只翩翩起舞的漂亮蝴蝶。她第一个追上去捕捉它，追着追着自己似乎成了那只蝴蝶，在草丛里翩翩起舞，飞入了夕阳，成了夕阳……

在另外一边一个光亮的屋子里。

一个左下巴处有一颗痣的男子对着话筒说：亲爱的朋友们，直播到此结束，到底杨杨有没有脱掉最后一件衣服；到底枪声有没有响；到底来的人是不是H；到底她男友看到这一切会不会发疯，请锁定明天晚上的直播，明晚再会!

深夜迷藏

1.

深夜，冷风夹杂着山谷里弥漫的草腥味扑面而来。

吴决打了一个喷嚏，“老胡，我们都找了一天了，前面比较危险又那么晚，干脆我们先原地支帐篷休息，天亮了再找？”

老胡反对说：“不行，拖得越久她就越危险，我们再坚持一下，万一她就在前面等待救援。”

吴决把手电筒往前照过去，眼前除了茂密的灌木就是崎岖陡峭的山路，他犹豫了一下说：“可前面都是没人走过的山林，也不知道哪里有落脚点……”

吴决还没说完老胡就打断他大声说：“她可是你女朋友，是你的命，可别因为现在的休息造成遗憾，到时候你哭成神经病，连累的是兄弟我。”

听老胡一番话，吴决也不能解释什么，“走。”

吴决的女友是主播，参加一个登山队直播活动在攀登野山却意外失联了。作为资深的登山爱好者他们身上都带有专业的GPS定位和紧急救援设备，可找了一天依然没有音讯。吴决心里明白除了发生意外掉入山谷外不排除有遇害和发生生命意外的可能，他报警后叫上自己的好兄弟，也是专业的登山教练老胡一起来寻找女友。

正如吴决所说的，前面的山路根本不是山路，简直就像攀岩一样，周围都是陡峭的山谷和悬崖，再加上黑夜，一不小心就有可能掉落下去。

两人都收起手电筒打开头盔灯边走边攀爬，可能真是太黑没看清路，吴决一脚踩空，直接翻倒，整个人往山谷下滚去。这个山谷根本看不见底，这样下去肯定必死无疑了吧？

也就是在此时，一只手死死拉住吴决，他抬头一看是老胡，在关键时刻老胡也扑了过来，一手抓住树干，一手死死拉住他。

……

天亮他们下山后得到消息，女友和登山队都获救了。

吴决心想幸好是老胡救了他，否则女友一听说自己救她跌落山谷肯定再过来相救，怕真陷入一个“死循环”。

他洗完澡准备睡觉时忽然接到老胡约酒的电话。

深夜凌晨约酒，不是神经病就是失恋。

果然，吴决跟他喝了三瓶酒，不停地追问后才得到答案，老胡失恋了。

可令他纳闷儿的是老胡并没有女朋友啊，哪来的失恋？继续追问，老胡才说：“我找到初恋了。”

“靠！”吴决气愤不已，“老胡你就神经病吧，都那么大了还有什么初恋情结，之前你告诉我男人忘不了初恋都是当初没为爱情鼓掌，现在你发什么疯？”

老胡摆了摆手说：“你不懂。”

接着连干三杯后讲了他们曾经的浪漫爱情故事。两人的开始来源于一场“醉后乱性”，那年毕业老胡为还是处男甚是悲伤，结果喝多了的系花肖茵竟然乐意帮他这个忙，接着两人在天台上为明天的太阳鼓掌了一个晚上，醒来后发现对方都挺好的就顺水推舟在一起。可相恋三年最后因为点餐一个吃辣，一个不吃辣，先是大吵一架摔手机，初恋看他依然背对着她玩电脑游戏，负气而走，随后便是拉黑，搬家和分手。

听完后，吴决真想说都在一起那么久了，为了那个鸡毛蒜皮的小事吵架分手真不值当，不过他还没说出口忽然自己就想通了。对于任何恋人来说三年真是一个关口，要么走向婚姻要么就是彻底分开，这个分岔路往往都是一念之间，也许是因为一个鸡毛蒜皮小事，最后蝴蝶效应分手，也会因为一丝头脑发热，昏了就婚了。

想到这儿吴决说：“那也别瞎扯，反正都分手了，初恋已成前任，爱情已成往事，再说了那么多年过去了，搞不好人家已经在别人的婚床了。”

老胡说：“她刚刚离婚！”

吴决气得站了起来，大骂道：“你是抢着当备胎吗？”

他没想到的是老胡还来劲了，直接跟他吵架维护初恋，简直王八吃了钛合金秤砣。这还只是生气，让吴决无语的是老胡要追回前任却不敢联系她，反倒是把联系方式告诉吴决让他帮忙。

吴决怎么可能答应？直到老胡威胁把他所有糗事都公布出来他才答应。

2.

正常来说吴决应该会打电话联系这个叫肖茵的女人，但是老胡的反常举动让他多了些疑惑，所以他选择悄悄去调查她，看能否找到不一样的答案。

果然，经过吴决一个星期的尾随调查，他发现肖茵离婚后也没闲着，游荡在几个男人之间。

得到这个答案他真替老胡不值，心想这简直就是火坑绝不能让老胡掉进去。为了说服他，吴决拍照留下证据并第一时间约出来谈判。

谁知道老胡玩迟到，七点的晚饭一直到深夜才出现。

吴决大骂说："北京就算堵车也不用堵那么久吧？"

老胡道歉说："临时被房东要求搬家，跟他斗争到现在。"

"有什么好斗争的？不是有合同吗。"

老胡一声叹气，"但人家断水断电啊……"

"最后呢？"

"肯定不搬啊。"

"行……不说这个，说说肖茵，老胡我明确告诉你，她就是一个水性杨花的女人，你还是死了这条心吧。”

谁知道老胡直接拍桌站起来喊着：“我不许你那么说她！”

吴决想到提前准备好的“证据”，他马上拿出手机翻照片给老胡看，谁知道老胡直接不看。

“你就不看看？”

老胡就像是知道照片是什么似的，淡淡地说：“无非就是肖茵跟几个男人有猫腻，有什么好看的。”

吴决不爽地说：“你是疯了吗？都知道她跟几个男人有猫腻你还在这儿装傻。”

结果老胡给他的解释简直令人无语，还找出一大段借口说肖茵不容易，得生存，所以现在她更需要男人的温暖，还更加坚定要给她幸福。

原来老胡早就知道她的生活，既然都知道为什么还让吴决去跟踪，吴决想揍死他。

“老胡你这王八羔子，你自己破罐子破摔，以后这个破事我不管了，你自生自灭。”

“吴决，我真的不方便去找她，你就当帮兄弟一把。”

“怎么就不方便了，你来例假啊？”

老胡叹了口气说：“就是我犯了一个错，这个等以后我慢慢跟你说，反正兄弟这辈子的幸福全靠你了。”

话都说到这个份上了，吴决想着作为兄弟这个忙还是要帮的。

至于怎么帮，吴决没有更好的法子，只能硬着头皮过去找肖茵聊清楚，一路紧跟到温泉，他硬着头皮还是进去了。

可真到温泉池里吴决却不知道怎么才能打开这个话题，总不能说他是老胡的死党，老胡委托他来求复合？

犹豫万分正要放弃时忽然听到有人在旁边说："你好。"

他抬头一看，竟然是肖茵。

吴决四周看了看指了指自己，反问她是否找自己。

肖茵点头问："你是星探？"

吴决摇头。

她又问："有特殊嗜好？"

吴决看了看自己全身，摇头。

她说："那你喜欢我？"

吴决蒙了，猛摇头。

"那你一直跟着我干吗？我都观察你好几天了。"

"你不要误会，我不是坏人，我只是……"吴决赶紧解释。

紧张之余吴决意识到原来肖茵早就知道自己跟踪她，但是她怎么早不说晚不说，非挑这个时候？难道……

肖茵似乎不介意，反问："你平时都有空吗？"

"你……有什么需要吗？"

她笑了笑说："最近我在做一些节目，需要嘉宾，看了你很久，觉得你还蛮合适的。"

吴决小心翼翼地问："什么节目？"

肖茵说："两性直播。"

吴决差点儿掉进温泉里。

肖茵继续说："我们是一个很正规的节目，你放心，而且你看你身材那么好，游泳那么好，那么有活力，一定……"

"那个，我去下洗手间。"吴决生怕聊太多出了差错，赶紧打断找借口离开。

真没想到肖茵是如此"可爱"的人，搞得吴决都有点儿不好意思了。到了洗手间他似乎想明白一件事情，之前所谓肖茵的水性杨花其实都是误解，实际上她是在做个人节目。

想到这里吴决还挺内疚的，也第一时间打电话跟老胡解释，没想到老胡竟然也知道。

吴决破口大骂："老胡你这王八蛋，合着你什么都知道还让我来了解肖茵，你是把我当猴耍啊？"

老胡赶紧道歉说："我也是刚知道，并不比你多多少……"

吴决纳闷儿什么叫刚知道，并没有多多少？只听老胡继续说："反正兄弟的事就拜托你了，我先忙了……拜拜。"

吴决知道老胡挂得那么匆忙一定就是那个"不方便"的事，至于怎么不方便老胡一定不会说的，唯一的突破口就是肖茵。

当他回到温泉池时已人烟稀少，再次看到肖茵，她却跟一个男人抱在一起。

吴决心想，这年头女主播为了赚钱也真是豁出去了，直接在温泉里表演，而且还抱出温泉池，难道他们还想一路亲昵到房间？

他心里暗骂着，却忽然发现有些不对劲儿，肖茵似乎迷迷糊糊的，难道是被迷晕了？

3.

吴决一路狂追到房间，那男人一看不对劲儿把肖茵直接抛过来撒腿就跑，吴决顾不上抓人伸手过去接，结果被肖茵直接压倒在地。

他费尽力气把她抱上床准备拿手机报警时莫名被打了一巴掌，肖茵嘴里还骂着："你这禽兽，我好心邀请你参加我的节目，没想到你却想睡我。"

吴决也是蒙了，好心救人结果成了东郭先生啊！

好不容易解释清楚，肖茵终于相信他不是迷奸犯而是救命恩人马上露出一脸感激的表情，当然，这个解释清楚吴决付出了一场被绑在马桶脱光衣服严刑拷打的代价。

误会解开后肖茵给吴决倒了杯热水，好奇地问："为什么最近你一直缠着我？"

"缠着？"吴决真是有苦说不出，他叹了口气道，"还不是因为你的前任老胡。"

肖茵思索了一下，说："我没有一个前任叫老胡啊。"

这下子吴决也傻了，这到底怎么回事，他赶紧把老胡跟他说的浪漫爱情故事讲了一遍。

谁知道肖茵迟疑了片刻说："这些事……好像不是跟老胡，是跟我前夫的经历，而且我前夫不姓胡。"

吴决急了，“怎么可能？老胡不会骗我的。”

“但是我真的没骗你，而且我身边没有姓胡的朋友啊。”

吴决脑子都炸了，兄弟拼死想挽回的前任爱情，结果对方根本就不认识他，难道一切故事都是老胡编造的，还是眼前的女人故意隐瞒着什么？

吴决当然更相信自己的兄弟，于是继续追问肖茵。

可从她的表情和言语上看似乎也没说谎，随着谈话的深入她似乎又想起什么，跟吴决讲了一段往事。

她说她似乎对一个叫老胡的人有一点儿印象，那是大学毕业的聚会，有一个陌生的学弟说自己是处男，喝醉后的她善心大发，以学姐的身份帮学弟脱离苦海。不过那晚并没有发生什么事，两个人躺在天台上看了一晚的星星，隔天她还感冒了。

这个信息跟老胡提供的有些出入，毕竟他们两人的爱情从这个“一夜情”开始，吴决在想那晚是不是喝多了都记错了。肖茵说不可能，因为那晚她并没有断片儿，再说了当时她只是酒后玩笑，她有男朋友怎么可能劈腿老胡然后跟他谈恋爱。

唯一的可能是老胡记错了，但是即便是记错了一件事也不可能错那么多，吴决想不通。

肖茵继续说，后来总有一个陌生人通过各种方式求爱骚扰她，她没跟这个学弟在一起，后来跟男朋友去了上海工作也没跟之前同学联系，就再也没被骚扰了，再后来就是结婚、离婚。

面对两个版本的故事，吴决不知该相信哪一个？

当然，吴决首先质疑的是老胡，虽然他是自己的兄弟，但实在有太多漏洞，特别是不方便见面。

另外还有一点，老胡说的是毕业那天跟肖茵发生关系，而肖茵说的是一个学弟，两人的时间差了一年，这个无法解释。

可吴决还是联系不上老胡，一直到了深夜回家才在自己的家里看到老胡，他真搞不懂为什么老胡躲在自己的家里。

吴决非常生气，冲过去就抓住他的领口，让他去对质，结果老胡宁死不从，而且坚持自己是对的，肖茵就是他前任，必须要挽回这段爱情。

这搞得吴决无所适从，他甚至怀疑眼前的老胡疯了。

当然，老胡并没有疯，他最后找到答案还是肖茵提供的，他们还是约在温泉见面。

之前比较匆忙吴决并没来得及观察眼前的肖茵，这次大家彼此面对面坐下来聊天，吴决忽然觉得眼前穿着泳衣的肖茵果然是一个大美人，仿佛是从温庭筠的词里把她请出来一般，瞧见一眼便明白什么叫“入骨相思知不知”。

他忽然感慨老胡为什么会对她如此着迷。

随后的聊天，肖茵给出解释，因为老胡跟肖茵，还有肖茵的前夫都是一个学校的，老胡是他们的学弟，经常能在学校听说他们的爱情故事，久而久之就把他们的爱情故事当成自己的，这也就能解释为什么老胡明明是学弟不可能跟肖茵一起毕业，偏偏在故事里说那晚相遇是毕业那天。

吴决恍然大悟，一切源于老胡的“幻想症”。

4.

问题终于解决了，吴决松了口气，下面他要做的就是帮兄弟“治病”了。而此时眼前的肖茵忽然发出邀请，说配合她做直播。

吴决问：“怎么配合？”

肖茵说：“上次温泉我直播了你在游泳，粉丝想让我勾引你，待会儿你能配合我表演吗？”

放平时吴决肯定会拒绝，但是此刻他看着眼前的肖茵，仿佛她身上散发着一种让你着迷又不能拒绝的气味，吴决想了想还是答应了。毕竟只是配合一下也不会发生什么，虽然他有那么一瞬间想发生点儿什么，但一想这是兄弟日思夜想的女人，他怎么都不能去跟兄弟抢。

当然，这个直播虽然挂上两性的名义，肖茵也展现各种勾引技能，吴决也根据她的指示配合着，两人并没有发生实质性的东西就获得了很多礼物。

不知道怎么的，演着演着吴决忽然希望一切是真的，假如他没有女朋友，老胡没有喜欢眼前的女子，他们就这样在温泉里偶然相遇，然后她过来搭讪，两个人聊得特别投缘，他们有太多相同的爱好，从漆画的制作到绘制，从摄影的构图到取光，从隶书的书写到瘦金体的笔锋……肖茵就像是完美的恋人一般。他忍不住借着粉丝的要求凑过去吻了下肖茵，肖茵竟然也没拒绝，那么深深的一个吻就像是冰箱里隔夜的草莓，有点甜又有点凉。

不过直播结束后吴决立刻让自己冷静下来，一切都不可能，他不能陷进去，拒绝了肖茵的晚饭邀请，相互加了微信他就赶紧去找老胡。

但奇怪的是他怎么都找不到老胡，又是回到家才发现他总在深夜出现在自己家里。

吴决知道老胡精神失常，想着第一时间赶紧送他去治疗，没想到老胡冲过来就给他一拳。

“老胡你吃错药了啊？”

老胡朝着吴决大吼着：“吴决你这王八蛋，枉兄弟那么信任你，你竟然抢兄弟的女人。”

吴决先是惊了下，随后辩解：“你胡扯什么？”

老胡指了指自己：“我胡扯，你们都接吻了，我真没想到给我戴绿帽子的是自己的兄弟。”

老胡怎么什么都知道，难道他一直在跟踪自己？不过吴决想了想他那么喜欢肖茵，应该也会看直播，吴决懊悔自己太过投入怎么没想到这点。

他站起来正想解释，老胡又是一拳过来。吴决气不过，心想着自己一再退让只会让老胡更疯狂，他也回过去一拳，希望能让老胡清醒起来。

两人你一拳我一拳，吴决不停喊着让老胡清醒起来，肖茵根本不认识他，一切都是老胡整天看她的直播然后幻想她是自己的女朋友，刚好两人又有那么一丝联系，老胡也知道肖茵和前夫的爱情故事，然后人格分裂自己就代入进去。

但是老胡怎么也不相信，直播对于他来说就像是整天跟女朋友视频聊天，从早到晚关注着她的一切，他已经沉浸其中无法自拔。

打累了两人都坐下来休息，此时吴决收到一条微信，他有气无力地打开，一看竟然是肖茵的表白，他怎么也没想到肖茵会表白。

也就是此时，他忽然听到老胡的哭声，老胡怎么会哭？而且他还边哭边说："既然你们相互喜欢，肖茵就让给你。"

吴决特别诧异，老胡没看他的手机怎么知道肖茵发来的是表白微信？之前总觉得老胡跟踪他，现在他怀疑老胡简直就是他肚子里的蛔虫，无论什么事他总是能第一时间知道。

他正想问老胡时老胡跑了出去。吴决想了很久，还是决定追过去问个清楚。

他们租在同一个小区，两人挨得不远，而且彼此都有各自房间的密码。

吴决到了老胡家里并没有找到老胡，而是听见洗手间有人在洗澡，他决定等老胡洗完澡出来再跟他聊清楚。

洗手间的门打开，出现在他眼前的人并不是老胡，而是裹着浴袍的肖茵。肖茵怎么会出现在老胡的房间，而且也知道密码，他还没搞清楚肖茵就一身香气袭来，直接过来抱着吴决想要亲他，吓得吴决连忙推开了她。

在兄弟的房间跟兄弟喜欢的女人亲热，这要是让老胡知道两人肯定做不成兄弟了。

肖茵还是不依不饶凑过来，吓傻吴决连忙用“武力”制止，随后大喊着：“到底怎么回事？”

肖茵笑着说：“别再装了，我知道你是谁？”

吴决更是蒙了，“我是谁？什么意思？”

“都到现在了你就别隐瞒了，我知道你就是我学弟老胡。”

听到她说自己是老胡吴决都震惊了，他转头看了看镜子里的自己，跟老胡长得不像啊，现在又不是黑灯瞎火肖茵还能搞错人？

“你搞错了，我真的是吴决。”

她说：“我都托人查清楚了，你就是当年陪我喝酒的学弟老胡，这几年一直化名吴决成为我的直播粉丝，天天给我送道具，你看看排行榜第一名就是你，下午我加了你的微信才最后确认，家的地址和房间密码都是你给我的。”

吴决脑子都炸了，一下子没法消化那么多完全不清楚的信息。只听肖茵继续说：“我不是在演戏你放心，经过这阵子的接触我真的很喜欢你，我知道你也喜欢我，所以……”

“你别说了……”吴决赶紧打断。

他跟肖茵争论了很久，说自己不是老胡可肖茵就是不信，而且他发现肖茵也不是在编故事，一切逻辑和数据都是真的，他也清楚地看到自己的微信确实也给肖茵发过很多思念的句子和房间地址、密码，难道这是老胡在他家趁他没注意用他的微信发的？还是，他自己就是老胡，可老胡是自己十几年的好兄弟，他怎么会是老胡呢？

吴决觉得人格分裂的并不是老胡，而是自己，他赶紧打电话跟老胡确认这个事，结果怎么都联系不上。吴决看过很多人格分裂的电影，他严重怀疑自己是人格分裂了，庆幸的是继续找下去老胡这个兄弟是真实存在的，他并没有人格分裂，但是令他意外的是老胡几年前就去世了。

得到这个消息他们都吓了一跳。

5.

深夜，总会发生很多奇怪的事情，所以夜深人静时大多数人都在被窝里休息看手机或者滚床单，但是总有一些人喜欢在深夜活动，他们都是奇怪的人。

又是一个奇怪的深夜。

经过几个月的治疗吴决终于想起来，原来几年前他执意去山上找女友，老胡阻止不了就陪他一起，那天夜太黑路太滑他踩空滑倒，结果老胡为了救他掉入山谷去世了。

再后来吴决获救了，醒来后不知道为什么他坚信老胡没死，他们一起获救，但摆在眼前的只有吴决一个人，他怎么也无法接受这个事实，于是他就“人格分裂”出了一个老胡。

搞清楚一切后吴决压在心上的内疚也基本消除了，他决定跟肖茵幸福地生活下去，但此时他忽然发现有些不对劲儿，他不是有女朋友吗？可他怎么也找不到自己的女朋友，这到底怎么回事？

他理了理思路想难道自己没有女朋友？可是如果自己没有女朋友干吗去山上营救她，还搭上兄弟的性命？

吴决翻开手机查阅所有微信记录得到一个准确的信息，他根本就没有女友，所谓的女友就是老胡的前女友。老胡陷入直播幻想后在别人的故事里喜欢上肖茵，而他跟老胡“融为一体”所以接受了老胡的“爱情故事”也喜欢上他的前女友肖茵。

吴决理顺了所有思路，决定跟肖茵讲这个故事，而版本是当时肖茵去爬山发生意外失踪，当时老胡为了获得他的帮忙说肖茵是自己的女朋友，于是他陪老胡去找肖茵，结果晚上两人在山上发生了意外，老胡跌入峡谷吴决想要救他却没救上来。

肖茵相信和认可这个“真相”并安慰吴决别再多想……

当天深夜，吴决并没有住在肖茵家里，他独自去了老胡的房间，他想帮老胡整理好所有遗物，正式跟自己另一个人格告别。

整理好一切后吴决发现一个问题，老胡是一个非常专业的登山运动员，怎么会在寻找肖茵时发生意外呢？此时他忽然发现一条断绳，攀岩登山时运动员们都会用绳索来保护自己。吴决似乎想起了什么，当时老胡为了防止意外发生将绳索把两人绑在一起，那怎么会只有一个人出现意外？他再看看绳子似乎是被刀割断，到底是他救不了老胡还是不想救呢？还是……

此时有人敲门，吴决心想可能是肖茵担心他过来陪他，等打开门一看出现在门前的人不是肖茵，而是她的前夫。

不知道怎么的，吴决竟然认识眼前的人，他也是一个资深的登山爱好者，他们一起登过很多山峰，之前爬山夜营时他都会跟大家讲爱情故事。

此时他忽然叫吴决的名字，然而他口中叫出来的竟是："老胡，那么多年终于又找到你了。"

吴决先是纳闷儿他怎么会搞错，接着他忽然又想明白了什么，紧紧地握住手中的断绳。

大家小的时候都很喜欢在深夜玩捉迷藏，找人的过程中有点儿惊悚又有点儿惊喜，总是想着万一发现点儿不一样的东西会不会很害怕？假如很快找出所有同伴又觉得很刺激很好玩。

长大后却再也不敢在深夜里玩捉迷藏，因为我们根本就不希望找到不该找到的东西，如果玩了真的找到了呢？

很多时候我总在想为什么小时候想找点儿奇怪的东西却找不到，长大后不想找了又总会碰见，后来才明白原来年少的我们都很单纯，长大后人心会变得很复杂。

原来，我们陷入的不是深夜，而是一场没有出口的迷藏，迷失的不是人，而是心。

一个反俗套的穿越故事

这个脑洞故事是小易跟我讲的。

小易是一个大学生，他说那天晚上突然尿急赶紧起床打开宿舍大门跑去洗手间。

宿舍是公共卫生间，到目的地需要慢跑一段距离，因为太过匆忙他没注意到卫生间灯光明明暗暗以及猛烈的风拍打着木制窗户，就像是外星人降临地球地表电压瞬间发生变化的那种感觉。

不过这也不能阻挡一个尿急的人上洗手间，他赶紧打开门以迅雷不及掩耳盗铃之式冲进去然后拉开裤裆准备放水，千钧一发之时突然听到一阵大骂声："你这奸夫，老子砍死你。"

很显然这个骂声是针对自己，小易的尿意瞬间被憋了回去，转头一看竟然是一个肥硕的矮胖子拿着杀猪刀朝着他跑来，更让他诧异的是这杀猪的竟然穿着古代的衣服，再看看周围的环境，是土墙乌瓦，一切显得跟现代的文明格格不入。

他们在拍戏，旁边并没有摄影机和厂务啊？小易结合刚才一路到洗手间的经历，恍然惊醒，难道自己穿越了？

就在此时，突然有一个有个穿着白色古代服装的美女子朝着他喊着：“西门大官人，快跑……”

西门大官人，小易愣住了，他们演的是哪出？

而那个提刀的矮胖子看到美女子出现，又大喊：“金莲你这水性杨花的女人，我连你一起剁了，剁了你们这对奸夫淫妇。”

小易又一愣，她叫金莲？自己叫西门大官人，难道眼前人是武大郎？

他还没想清楚时矮胖子提刀就要往美女子脸上砍去，千钧一发之际西门大官人，不对，是小易赶紧扑倒矮胖子，从刀下救下了金莲，然后又赶紧起身拉着她快速跑出房屋。

武大郎的家好像特别富有，他们穿越了几道门才躲开矮胖子，可是再富有的家怎么会有那么多门呢？小易还没搞清楚这一切，猛地推开眼前这扇更大的门。

映入眼帘的是金碧辉煌的欧式宫殿。

擦，难道改穿越到欧洲了？

还没等小易反应过来，手忽然被拉住，他正想看看身边的金莲变成什么模样，结果却是一个穿着欧式贵族服饰的男子拉着自己。

这是什么情况？

那人对小易说：“罗密欧，据说市花朱丽叶今晚也会来参加舞会，我们一定要想办法接近她。”

小易愣了：“你叫我罗密欧？”

朋友更是愕然：“对啊，不叫你罗密欧叫你什么？”

小易这回才真的意识到自己穿越到了莎士比亚的文字世界里。

按照莎翁的故事模式，现在是一场舞会，他会在舞会里遇见最美的女郎，然后两人一见钟情并迅速坠入爱河，她的名字叫朱丽叶。

所以他要尽快找到朱丽叶。

作为一个看过原著的现代人，小易很有信心，因为他非常清楚地看到在舞池里那个跳得最精彩的漂亮女舞者，最关键的是她的样子跟刚才那一段穿越的女主“金莲”长得一模一样。

他边走边想着跟朱丽叶相恋后他要改变剧情，不会让这个故事成为悲剧。

想到这里他主动跟朱丽叶伸出手说：“你好，朱丽叶小姐。”

她当然不认识罗密欧，对于一个突然“造访”的男性，她反问：“你是？”

小易把早已准备好的情话都爆发出来，最后还大声喊了一句“朱丽叶我爱你”。

也许这种莽撞的表白会吓坏大多数女生，但是对于深谙剧情的小易来说，他非常清楚朱丽叶一定会喜欢。

果然，她愣了半天说了一句：“你神经病啊。”

因为她是大多数女生，不是朱丽叶。

而真正的朱丽叶当然听到了他的表白，所以奋不顾身跑过来拥抱他。

然而让小易大跌眼镜的是跑过来的竟然是一个肥胖的中年大妈，她竟然是朱丽叶，这怎么可能?

小易一边破口大骂莎士比亚是一个大骗子，一边撒腿就跑，好不容易要冲出大门，谁知道刚才那个舞女突然挡在门口。

管不了那么多了，小易一侧身直接拉着她往外跑。

他内心想着，这个女的怎么阴魂不散啊，是不是每次穿越都跟她有关系。正想着眼前又是一道光，他还没缓过神来忽然看到有人拿着枪指着他。

欧洲怎么会有现代人的枪呢?

小易恍惚了一下，随后看了看四周才知道自己又穿越了。

眼前站立着一个面目狰狞的日本太君，旁边站着几个举着枪的日本兵，还有那个熟悉的女子，在这个世界里她穿着日本和服神情复杂地看着他。

军官朝着他大喊着："快点儿说出来。"

突然有种来到《谢天谢地你来了》剧组的感觉，小易一脸无奈说："要我说什么？"

"还装蒜，给我打。"

太君话刚落下小易马上就挨了日本兵几棍子。

"再不说就上重刑。"

小易真的想死，到底要他说什么？但如果他再不说点儿什么，搞不好日本鬼子真打死他。

“我说。”

可是要说什么？他根本不知道发生什么情况，再说了看自己的装扮搞不好是地下党，随时有可能招来杀身之祸。眼看太君就要大发雷霆，他本着大无畏牺牲精神，愤然说：“我是绝对不会背叛我党背叛中国人民的，要我说什么休想，要命我有一条。”

谁知道眼前的太君突然变得有些无奈，他身后的和服女子赶紧过来拉着他的手说：“秋田君，你说什么？我父亲只是让你承认喜欢我，结果你……”

这次换小易傻眼了，这剧情怎么变化得他无法招架。

此次太君勃然大怒：“原来你是间谍，给我枪毙了。”

和服女子挡在他面前求饶着。

那太君怎么肯罢休，掏出枪就准备打过来。

说也奇怪，这次小易穿越的地方竟然是一处悬崖，他二话不说拉着和服女子就往悬崖下跳。

因为他知道当光再次出现时，他们一定又穿越到另外一个世界。

可是……光并没有如期出现。

难道他们死了？

答案当然是没有。

光没有出现的原因是他们回到了现实世界。

小易还是小易，而那个跟着他穿梭了三个世界的女子是本系的系花。

经过一晚的神奇穿越，他们牵着手走回到了学校。

说真的，要是被学校老师看到了，一定怀疑他们昨晚是去开房，而不是经历了这个奇妙的穿越旅行。

果然，昨晚学院查寝。

而此时，他们同时站在学校的办公室里，眼前坐着的是一脸严肃的辅导员。

小易讲完刚才的穿越故事后叹了口气，又继续说："老师，这就是我们俩昨晚夜不归宿的原因。"

辅导员一脸愕然看着他们。

鱼在餐盘里想家

谨以此小说献给沉默的自己，献给沉默的大多数人。

1.

我出生在一个没有房子、没有湖、没有阳光、没有风、没有黄昏的村庄。

我的父亲和母亲从未见过面。在一个月黑风高的黄昏，母亲生下了我，我只记得当时父亲没乐死，使劲地亲吻着我的鸡巴。看到父亲的笑容后，母亲也满足地笑了，能生出一个男孩，在村里是一件值得耀武扬威的事，从此母亲开始了“大门不出二门不迈”的生活。

父亲基本上是日出钓鱼日落而息，所以他每天都在家里陪我，母亲对我最好，懂事后我对母亲便没有什么印象了。直到八岁懂事后，父亲才告诉我，我是买来的，我没有母亲。那时候我恨母亲，为什么她不告诉我这一切是假的；我也恨父亲，为什么我父亲也不告诉我这一切是假的；那么谁来告诉我这一切是假的。

这些事都是村长告诉我的，他说这些都是真的。

2.

我八岁那年父亲去世了，这也是后来村长告诉我的。而此时我坐在湖旁，十八岁的我裹着棉袄听着《十七岁的雨季》这首歌曲便来到了十七岁的第一个夏天，微风吹过我的小平头。

黄昏像是一只懒猫，静静地卧在村子上空，我就这样看着这只猫儿，看了一整天都不饿。

村长曾告诉我，“我们谯琉村原本是有三个湖的，一个我未出生就已经被填平了；一个被枫乡村抢走了；一个去年就干涸了。”我分不清我来的这个盛满水的湖是村长说的第几个湖，我一开始就睡着了，我只是沉默的大多数。

醒来的时候阳光已经照到我赤裸的屁股上，我的牛仔裤放在家里忘记穿上了。等我看到不远处的阿芳向我招手的时候，我才知道是她叫醒我的。阿芳是我唯一暗恋的最后一个同龄女孩，她的头发比我还短，可我还是帮她绑着我最喜欢的麻花辫子，这曾是我娶她的诺言。

阿芳每次见到我都跟我说“哭天，看我不打死你”。曾有一次我看见她穿着棉袄在湖里洗澡，看完苍老师爱情动作片的我控制不住自己跑了过去温柔地对她说：“让我干你吧。”她很干脆地回答：“你可以杀了我，但是你别恶心死我。”然后我以带她去看三叔钓鱼的理由潜规则了她，像是烟花一样，黑夜里的光亮全是犯罪的证据，我们都失去了童心。

阿芳滑入了堤坝后笑着说："你在洗澡吗。"

我说："村长说这湖是干涸的。"

阿芳说："你傻啊，村长的话你也信。"

我一直都是爱着阿芳的，即便她七岁的时候被三叔强奸过，我也一直相信她是处女，于是我便脱下了放在家里的牛仔裤跳入早已干涸的湖里洗澡。

3.

我是我三叔带大的，我八岁的时候三叔才第一次回到村庄，之前我连三叔放屁的声音也没听见过。

关于三叔强奸七岁阿芳这事儿是村长告诉我的，村长说那天他路过第三个湖，三叔一个人在光着身子在湖里洗澡，阿芳偷窥了很久终究控制不住自己跑了过去，于是……我不能容忍我有一个强奸犯的三叔，所以我从小都很听三叔的话，为此三叔也一直反对我爱上阿芳。

三叔常说，"阿芳独自一个人生活不容易，她父亲成天赌博母亲又病重在床。"

三叔最喜欢做的事就是钓鱼。我每次都带着阿芳看三叔钓鱼。

三叔拥有全村最高级的渔具，这是我在阿芳面前最大的荣耀。每次钓鱼的时候我总帮三叔拿渔具，渔具放在哪儿只有三叔知道。三叔有三根精致的鱼竿：一根没有鱼钩，原本是有的，只不过去年被鱼吃下去了；一根没有竿；一根鱼线断了。三叔带上那根没有鱼钩的鱼竿去钓鱼了。由于村长找我有事，所以我这次没跟三叔去钓鱼。

到了湖边，我问三叔为什么不带没有鱼钩的鱼竿过来。

三叔说："今天阿芳怎么不来了。"

我笑了笑说："阿芳从来都没来过。"

三叔说："也许从来就没有阿芳这个人。"

我说："有，村长说有。"

阿芳跑来找我们的时候已是黄昏，我看到一只猫儿跳入湖里。是三叔后来告诉我我才知道阿芳来过。可我明明记得当时焦急等待的心情像是一张纸，容易破碎又如此洁白。

阿芳对我说："等急了吧。"

我说："三叔在钓鱼呢。"

三叔说："别说话，鱼快上钩了。"

我清楚地看见三叔从干涸的湖面里扬起鱼竿。一条狭长的草鱼挂在那条没有鱼钩的鱼线上。我分明看到那条草鱼看着我呼喊道："村长你骗我上钩，村长你好狠心，村长你不是人。"

我最不能容忍别人说村长的坏话，于是我对三叔说："三叔把这条鱼放了吧。"

三叔把鱼放入鱼笼里对我说："行，晚上炖给你吃。"

阿芳说："不要，我怕腥味。"

我说："鱼多好吃啊，吃了就习惯，不吃拉倒，我吃。"

三叔说："想得美，没你份。"

三叔刚说完"没你份"的时候，我清晰地看到那条挣扎的草鱼挣断鱼线掉入湖中。

三叔大声骂道："干，叫你们别说话你们还说，鱼给吓跑了，混蛋。"

此时阿芳终于赶到湖边，可三叔的骂声让她听见了，阿芳喘着大气说："我刚到还没开口你就说我吓跑你的鱼，天理何在？"

三叔真的把阿芳惹急了，我连忙解释道："三叔你带错鱼竿了，你带的是断线的那根。"

三叔说，"干，是带错了，我们走吧。"

于是我们拎起那条逃走的草鱼离开了。

4.

三叔说，"今天收获不少，我们回家去吧。"

于是我们走向村长的房子。

村长的房子盖在半山腰，是比较简陋的茅草屋。三叔、阿芳、我，还有逃走的草鱼，四个人下了几个很陡的坡终于来到村长的草屋。

这栋瓦房是我见过最漂亮的房子，没有屋顶、没有墙，只有红杏和桃子编成的门，不离不弃的门，像是最后一道防线，村长曾说过门外是海水门内是火焰。我幻想着跟阿芳结婚后也找一处这样依山傍水的房子住下，然后也弄个这样的门，然后生一堆女孩，然后传宗接代，反正现在生男生女都一样。

三叔敲了敲门后村长在里面喊道："等会儿，马上过来。"

开门的是村长的母亲，除了脖子上围着一条围巾外，她没再穿别的，村长曾说过这是行为艺术。曾记得村长还跟我说过，当年她母亲是一个广发征婚贴且非黑马王子不嫁的烈女，原来烈女都那么艺术。

她说："钓鱼回来啦。"

夏天的夜晚风很凉爽，三叔和村长的母亲寒暄几句便把那条逃走的鱼送给她。

三叔也没留下来吃饭的意思就带我们走了，倒是阿芳在半路上说了句："刚才那条鱼很好吃啊，下次记得带我去。"

我很鄙视地说："每次叫你去你都不去，就知道在家里等现成的。"

阿芳很是抱歉地说："下次一定。"

5.

又是一个孤独的黄昏，此时猫儿躺在我肩头。

我坐在湖边，看着大雁往北飞的时候突然有个想法——我要浪迹天涯。

其实最开始的想法是游行，可是还没开始就被村长的一巴掌扼杀在摇篮中，于是我换了个方式。

我马上把这个想法告诉在我身边熟睡的阿芳。阿芳鼓掌支持着，她说，“村长听了一定很高兴。”

我不知道自己竟是如此冲动，马上起身离开村庄。

村里人听到我要离开的消息成群结队地过来送我，我不知道他们是希望我永远不要再回来还是要把我轰走。

三叔、阿芳、村长的母亲都到了，就差村长和猫儿两个人了。我突然发觉我太久没见到村长了，昨晚送鱼给他的时候他还说要送送我，怎么今天就食言了。

三叔递给我他生命中最重要的三根鱼竿，三叔说：“叔没什么可以送你的，这三根鱼竿全给你。”

我收下了那三根鱼竿。一根没有鱼钩；一根没有竿；一根鱼线断了。

村长的母亲说：“这条草鱼是你们昨天钓的，我舍不得煮，你带走吧。”

我收下了鱼，那条被没有鱼钩的鱼竿钓起来又逃走的鱼。突然发觉这条草鱼长得跟昨天那只跳入湖里的猫儿一样黄昏般美丽，原来它在这儿。

阿芳递给我一缕黑发说：“这是我的麻花辫子，我把它剪下来，雨季过后记得回来娶我。”

我发现我舍不得阿芳，看着她的短发我收下了她送我的诺言。

6.

十七岁，夏天的时候我离开了村庄，生我养我的谯琉村。猫儿都来了，可是村长还是没来送我，只不过临别的时候他送给我村里唯一的公共财产——自行车。

那曾是我最珍爱的自行车。它原来没有后轮，几天前村长把前轮搬过来当后轮，而前轮早在去年被我卖了，还有，自行车的车座也在去年被我卖了，当然，后座没被我卖掉，只是前年丢了而已。

我知道骑上它可以去很远很远的地方流浪，这是我最开心的事。

就这样，我坐在被卖掉的车座上乐得屁颠儿屁颠儿的，像是小船穿梭在小溪里一样，夏风吹过我的十七岁。

一路上我没有遇到半个人影。

一个穿着蓑衣的孩子引起我的注意，我最中意的是他发白的头发和发黑的胡须。我不知道他也很中意我，竟然跳到那个丢掉的后座上，像是骑着一批马一样自由奔跑着。

我问：“想去哪……”

他说：“我是枫乡村的。”

“枫乡村”就是村长说的曾经抢了我们村第二个湖的那个村庄。我不知道我们的爱好竟然一样，于是我们便成了兄弟。接着我们便一起结伴去远方流浪。

我问：“你今年几岁。”

他说："我就要上大学了。"

我说："太感动了，我们独立了，长大了。"

他说："是啊，十七岁不下雨就应该是晴天。"

我说："干你娘，你们抢了我们村的湖还敢来这里撒野，揍死你。"

说完我们都高兴地笑了。在路上我们聊了很多，他说他其实不是去流浪的，他是去镇里参加高考的，可是考试早就开始了所以他就出来玩。我愣了一下，因为我从来不知道有高考这回事。

我问："高考会放屁吗。"

他说："狗只会吃屎。"

我说："完蛋了，我们都是猫儿。"

我们笑得太开心了，以致自行车撞到树上我们都不知道。我们两个人摔得四脚朝天、头破血流。我昏迷中听见他呼喊着救命，可能他的喊声真的是噪声污染，引来很多村民，他们放下手中的锄头飞奔过来救我们。我清楚地看见他们小心翼翼地扶起支离破碎的自行车，一个黑黝黝的孩子还捡起不远处那个前年丢掉的后座。他们显然很专业，一定救过很多流浪猫，我还看见他们七手八脚地把自行车抬进镇里的医院，那可是村长最珍爱的自行车。

看到这一幕我们都欣慰地笑了。我们继续走着，走过珠穆朗玛峰，走过台湾海峡，走过长城，走过江南水乡。也不知道走了多远，我们迷路了，我发现他饿得不行了。

我说："我带了条逃走的草鱼，可是没有火怎么办。"

他显然很高兴，说："没事，我们枫乡村的村口有一家杂货店，有卖火柴的。"

我说："可是我没带钱，只有三根鱼竿。"

他说："这也行，杂货店的老板一定会喜欢的。"

于是我把三叔送我的三根鱼竿交给他，他便回枫乡村的杂货店换来火柴。有了火后我又发现这里太荒凉了，根本没有柴。

他又说："没事。"

他从蓑衣里摸出他的书包。

他说："我只有一个书包，里面有很多书和笔，这些都可以当柴，但是书包放在学校里。"

我兴奋地说："太好了。"

说完我便用他拿鱼竿换来的火柴点燃了他放在教室里的书包里。火烧得很旺盛，那条逃走的草鱼很快就熟了。此时我突然想起了村长，这条逃走的草鱼本来是送给他的，此刻这条逃走的草鱼一定发疯地想着村长。

他说："烤熟了，你吃吧。"

我说："你想家了吗？"

他说："我饱了，吃不下了。"

村长曾说遇到这样的事千万不要客气，我谨记村长的话，于是把那条逃走了被烤熟的草鱼让给了他，他狼吞虎咽地吃了下去。

7.

黄昏快要离去的时候，猫儿睁开了眼睛。十七岁的夏天很长、很长，长得十个指头都可以算得出，但它就是不下雨。村长曾告诉我村里的孩子长大了要走出这座山，山的外面还是山。

我问：“你真的不回去了？”

他说：“十七岁的雨季过后我就要上大学了。”

我说：“流浪猫啊流浪猫，追寻风的方向。”

他说：“我累了。”

我说：“你自由了。”

我说完话的时候便是夜晚来临的时候。夜晚来临的时候黄昏还不肯离去，只不过猫儿喜欢在晚上出去流浪。我突然发觉他的瞳孔慢慢变细，像猫眼一样，他的声音也越来越细，直到只能发出“喵喵”的叫声，于是他就真的变成猫儿走了，因为他是最自由的，他也是永远得不到自由的。我独自一个人靠在一棵被挖掉的榕树下睡觉，我闭上眼睛后看到很多只猫儿从我眼前呼啸而过。除了阿芳从短头发上剪下来的辫子，我身上一无所有。我的十七岁，我的雨季，从这一刻开始悄然消逝。

我握着阿芳送给我的辫子入睡了。在梦里我想起离开村庄的那个傍晚，极像一只流浪的猫儿，阿芳送我的时候哭得很厉害，眼泪却便秘似的怎么也出不来。她在我回头的时候不停地挥着手，嘴里似乎还不断喊着，我清晰地听到她细声细语地对我喊着：“村长，记得在雨季过去后回来娶我。”

她叫我村长?

十七岁，没有雨季。

昨夜客栈

高中死党金元来北京出差，来前说好了直接住我家，结果他说现在腐女太强大了，上次跟我住一起结果同学聚会让女同学组cp被开了好几年的玩笑，好不容易刚消停这次再跟我住一起住又得被“嘲笑”好几年。

这样一说我也无奈了，怀念当年可以一起勾肩搭背，几个男人睡一张大床的兄弟情义，如今已经被消磨得不复存在了。

但是金元也真是个二愣子，到北京才订酒店，飞机晚点酒店订不上到了凌晨只能临时找一家客栈住一晚。

谁知道一大早天还未亮就过来敲我的门。

我问：“怎么搞的，在客栈遇见聂小倩了？那么匆忙过来找我。”

他艰难地点了点头……

我们坐下来后他跟我讲了昨晚的客栈遭遇。

他最后订到的是一家复古客栈，除了地基是石头砌成，整个客栈都是木质结构，换做平常这真是一处旅行必住的佳处。

可到了客栈竟只剩下最后一间，而且最角落一间。

在民间有一个传说，住酒店千万不要住最后一间，否则会遇见不干净的东西……

金元当然听过，但是眼看那么晚了，实在没办法只能将就住下，再说了他也是吃马铃薯长大的少年先锋队队员，怎么能信这个邪。

想到这里他手机响起，是老婆来的电话。

他跟老婆报了平安，也说了自己住酒店遇到最后一间房的事。结果他老婆疯了，他可以不信，但是她可信了，非得让金元敲门试试，如果门内有人应答就不能进去。

金元本来不在意，但是老婆说得神乎其神，只有敲门才能避免遇到里面的脏东西，他也是好奇就敲了敲门。

谁知道不敲门不要紧，一敲门，门忽然打开了。

金元吓了一跳，直接愣在原地不知道该怎么办，就在此时门后出现一个老太太，他更是吓了一跳，拔腿就跑……

老太太说："先生别怕，我是保洁。"

他松了口气，幸好没跑开，仔细一看装扮，确实是保洁，可是那么晚保洁阿姨还在房间里干吗？

老太太继续说以前客栈空房间比较多，所以这房间很久没住人，也不知道为什么今晚客栈会爆满，所以临时被叫来打扫房间，比较乱，得稍等她片刻。

一听到房间很久没住人，金元似乎有丝丝恐惧，但是想着老太太也说以前客栈空房间很多肯定有一两间房子没住人，也没多想。

虽然老太太打扫得很慢，不过他想住确实得干净点儿，所以他一边跟老婆聊微信一边等着她打扫完毕。

谁知道老太太还真是慢，一直到老婆说晚安她还在打扫，但考虑到她确实是很仔细在工作，而且老太太年纪也比较大，金元反倒不好意思催促，只能一旁看着。

金元注意到一个事——老太太是左撇子。

他之所以注意到这事是因为自己小时候也喜欢用左手，结果被父母活生生打成右撇子，现在已经习惯了用右手。

想到这里金元还跟老太太打趣，老太太听到这儿也笑了笑说：“小伙子啊，左撇子就是要用左手不能强迫改掉，找机会阿姨帮你改回去。”

金元连忙摆手说：“不用不用，我已经习惯用右手了。”

老太太笑了笑没说什么，说也奇怪，她似乎突然变得很利索，一下子就把床铺好了。

简单道谢后老太太就离开了房间。

金元习惯睡前洗澡，无论多晚他都要痛快用热水洗去一身的疲倦。

洗完后他还臭美地照了照镜子，欣赏自己的腹肌。记得当年第一次在十字路口遇见一个过来问路的漂亮女生，告知了半天她依然不知道，金元无奈只能拉起衣服用腹肌当地图给她指了指第三个路口在哪儿。

漂亮女生顿时大悟，再后来这个女生成了金元的老婆，也找到了第四个路口。

此时，他忽然看到镜子里似乎闪过一个影子，再仔细一看空荡荡一切正常。

躺在床上后金元觉得刚才镜子里的影子有点像老太太？随后想想可能是自己太疲倦了出现了瞬间幻觉。

他没多想，闭上双眼开始睡觉。

客栈的时钟滴答滴答地走着，月光透过窗子洒在床铺上，就像海岸线一样清晰。

多好的天气，原本是一个一觉到天亮的美事却偏偏隔壁响起女孩的哭声，金元一下子被吵醒。

原本以为女孩子哭个三四分钟就完事了，结果都半个小时过去了女孩子还是没有停下的意思。

他想着明天还得谈工作，就敲了敲客栈的木墙善意劝安静些，可是无论他敲多久女孩该哭还是哭，一点儿都没有回应。

看对方没有任何反应，金元虽然有些许瘆得慌，但是也没敢往不好的地方想，怀着善意想着女孩可能失恋，得原谅她，强忍着哭声继续睡觉。

可对于任何一个睡眠很浅的人来说，打呼噜都能吵醒他何况是哭声。

他实在受不了只能给前台打电话让前台去帮忙劝劝。

可是前台那边听完愣了几秒，随后弱弱地问了一句："先生您是215房间？"

金元说："是啊。"

前台似乎有些紧张地说："您隔壁只有储物间没有房间啊……"

金元吓得直接坐了起来，手中的电话也被他丢得远远的。

换做其他人，一个人在这种客栈里一定吓傻了，而且耳边的哭声依然回荡着。幸好金元是唯物主义者，镇定下来后，他再仔细一听。

可能客栈是木质结构他之前听得不是很准确，这次仔细寻找来源后他发现声音好像是从楼上传来，并不是隔壁。

于是金元赶紧又打电话跟前台说明这事。

前台查了查，又弱弱地说："先生您楼上住的也是男的啊。"

难不成真的碰到诡异的事了？金元这次被吓得差点儿尿了。

前台似乎有些害怕，但为了安抚客人，赶紧解释说："可能是楼上的在看电影，再或者他是带女朋友过来没登记，我马上去处理。"

果然，不一会儿客栈真就安静下来了。

经过这样一折腾，金元入睡比较慢，好不容易数了半个小时的绵羊终于要睡着，谁知道哭声又响起。他都要疯了，直接坐起来破口大骂。

可是骂着骂着他忽然觉得不太对劲，因为他寻着声音，发现哭声好像是换了方向竟然是从隔壁传来。

金元心想着难道是女孩跟男朋友吵架哭着跑出来？

自己去安抚恐怕不合适吧？于是他再次打前台电话，可一直响着却没人接。

几次他都想着出去看看，可是又担心看了不该看的东西会刷新他的世界观。

艰难选择后金元戴上耳机放着摇滚歌曲，蒙上被子睡觉。

果然，听着歌他还真渐渐睡着了，可是迷迷糊糊中总觉得床边站着一个哭泣的女人，他想看看却怎么也掀不开被子。

一切很真实，又好像是梦魇，就这样迷迷糊糊睡着了，再次睁开双眼时已是白天，太阳照常升起，一切很正常。

金元心想可能是昨晚出现幻听做噩梦吧。

不过想归想他还是有些后怕，赶紧收拾好房间就溜了……

我开玩笑问金元："该不会那个房间死过人吧？"

他说："不可能吧？"

我让他给了下客栈名字一查，果然，二十多年前有一个失恋的女人在里面上吊。

我递给他手机一看，说："擦，果然死过人……幸好你当时不知道，要不当场就尿了……"

金元一看也是后怕，赶紧喝茶压压惊。

随后我劝他晚上别住酒店了，跟我一块住，这次他没再抱怨会被意淫成cp的窘态，而是笑着说即便被掰弯捡肥皂也同意，再也不敢住酒店了。

如此钢铁的直男突然说了句“被掰弯”“捡肥皂”我着实有点儿诧异，不过想着他可能也是开玩笑，大家兄弟一场怕什么别人的玩笑呢。

此时外卖也到了。

我们边吃饭边聊着青春年少时干过的那些疯狂往事，也不知道是被吓坏了还是怎么着，金元好像不是很热情，更多是我在回忆，他就是一个聆听者，好像一切和他无关。

说得口渴，我又开始泡茶、倒茶，忽然觉得不太对劲。

因为正常的闽南人看到别人倒茶会用手指在茶杯旁敲一敲表示感谢，而他这次好像忘了？

还有一个更反常的行为，我好奇地问他：“你什么时候左撇子了？”

问完我自己傻眼了……

我的Siri是天才

1.

在一个昏暗的房间里，徐毅醒来发现自己成了杀人犯。

他不记得昨晚发生了什么事，毕竟昨晚他喝多了，只记得跟女神约在这个房间，两人干柴烈火太过于兴奋，结果……

他在想会不会是昨晚抽的烟有问题，然后产生幻觉他失手杀了人？

还是昨晚玩太嗨了，但是他明明记得尺度把握得很好？

还是这是一个阴谋？

故事要从一年前讲起。

跟女神表白失败后徐毅的生活变得异常狼狈，又因为工作失误得罪了客户被扣了季度奖金，搞得交不起房租差点儿被房东赶走。

更郁闷的是晚饭吃了没炒熟的四季豆，回到家肚子疼得受不了，打车竟然没有人接单，一路连滚带爬地往医院跑去，要命的是毫无征兆就被一条疯狗给咬了，简直没有天理。

最近的医院是一家小医院，根本不管他是急诊需要帮助状态，还让他自己去完成“六项全能”测试才开始就医。

结果到了付款环节，他没带钱包，手机付款余额不足，绑定的卡里也没有余粮，医院竟然不给治疗，徐毅想死的心都有。

让他体验到人情冷漠的是收银员并不想借钱给他，难道他真的在医院里等死？

徐毅疼得几乎晕倒，迷迷糊糊听到一阵熟悉的声音：“你好，有什么需要帮忙的？”

他就像是见到救星一样看过去，结果发现是Siri的声音。

2.

徐毅心情瞬间又掉到低谷。

一个Siri能帮上什么，他疼得不行没空搭理，哪知道Siri又继续问需要帮忙吗？

徐毅也是烦了，吼了一句我现在需要钱治病你能给我钱吗？

Siri依然好声好气地说：“我没法给你钱，但是我可以把你拉入一个红包群，你到里面抢几个红包就能支付了。”

Siri有那么神奇？他都不敢相信，谁知道屏幕上真的显示一条微信提醒。徐毅也是抱着试试的态度，点进去真的抢了一个红包，马上又是一大波红包。

当他抢够医药费的时候，突然被群主踢了出来。

徐毅赶紧交钱治病后直接在病床上睡了一觉，隔天醒来忽然想起昨晚的神奇遭遇，想再求证一下发现手机没电了。

他心想也许是昨天疼得迷糊了，阴差阳错进错了群，然后领了别人的红包而已，便没多想开始去上班。

哪知道刚到公司手机刚充上电就遇到大麻烦，由于这几天过度疲劳造成演示文稿出现很大失误，大领导在跟投资人演示时大大出糗。

现在大领导雷霆震怒准备开除他，人力总监已经提前过来打招呼让他赶紧收拾东西滚蛋，而且还不给任何补偿。

得到这个结果徐毅气得大拍桌子，人力总监二话不说叫来保安。

按道理保安都是人高马大的壮汉，然后一人一手架起他把他丢出大门，结果来了一个瘦猴保安，而且一脸嚣张要把他揪出去。徐毅只是反手一推，结果瘦猴直接甩出几米开外还撞到墙上，昏死过去。

他都蒙了，这真是意外啊，但是周围的同事看到有人昏迷不醒开始躁动起来了，人力总监还高喊着杀人啦。

眼看逃跑是不可能的，他赶紧拿起手机拨打120，可能是太过紧张长按了Home键，Siri忽然启动。他正要按掉Siri，Siri自己开口问：“你是不是想打120？”

徐毅心想最近是不是系统升级了，Siri怎么变得那么高级，于是回答说：“是，帮我拨打120。”

奇怪的是Siri并没有拨打，而是回了一句：“你不用拨打120。”

头一次遇到Siri不按套路出牌，徐毅有点儿傻眼，“赶紧打120，我着急救人。”

Siri说：“那人没事，他是假装晕倒的。”

听到这句话徐毅先是愣了一下，再看看那个瘦猴保安，心想万一是心脏病或者脑梗错过了最佳救人时间就完蛋了。

他按掉Siri手动拨打120，结果却按不掉Siri。

“Siri你到底想干吗？”

Siri说：“那人真的是假装晕倒，不信你过去挠痒痒试试。”

徐毅忽然想起昨晚的神奇遭遇，将信将疑去试了下，结果保安受不了挠痒痒直接跳了起来。

原来这家伙真是故意的，虚惊一场，徐毅一脚往他屁股踢去……

眼下的事情解决了，但该开除还是要开除，怎么办？

徐毅看了看屏幕上闪动的Siri，只能死马当活马医了，他叹了口气问：“大领导马上要开除我了，有没有什么办法拯救我？”

Siri马上给出了两个手机号，然后回复说：“打第一个电话给李先生，把第二个电话给李先生跟他说能帮他解套，最后告诉李先生你是做演示文稿的徐毅，遇到什么麻烦他就会帮你。”

听完徐毅心里一万头“草泥马”奔腾而过，这到底是什么跟什么，他完全听不懂。可又想想这个Siri真不是一个普通的Siri，像是神一样地存在着，他选择相信并按Siri的指示去打电话。

十分钟过去了，大领导竟然满面春风地朝着他走来……

3.

让他意外的是大领导并没有开除他，而且还提升他当了主管。

一开始徐毅还不相信，哪有天下掉馅饼这回事。最后大领导说了实话，原来他那通电话打给的是投资人，他帮了投资人解了LP的套，投资人回过来投了他们公司帮公司渡过难关。

这一切神奇得徐毅都不敢相信，更让他意想不到的是接下来他将接受Siri给他带来的更多惊喜。

短短一个月，Siri助他在公司里大展雄风，直接升到二把手。

他也开始不再满足成为别人的助手，想着自己创业占据山头。

虽然说领导百般挽留最后变成各种刁难，用竞业协议和法律条款来约束他，甚至直接出律师函。

可Siri当然依然是神奇的Siri，它不仅有效帮徐毅脱离了束缚，还帮他快速组建了公司。关于公司的创业方向，徐毅一头雾水，而Siri直接给他一个全新的方向——脑科学和虚拟世界。

对于这个创业项目徐毅简直一窍不通，但这不妨碍他的创业，因为Siri已经帮他找到了一大批得力干将。而且每次在公司遇到危机的时候Siri总是无所不能地帮他处理掉所有困难，很快公司成为创业史上的奇迹。

徐毅也毫无疑问成为佼佼者，可偏偏却在一次出行中发生了意外状况。

放平时再意外的事情Siri都能让他渡过难关，可这次Siri也出现了意外。

这意外并不是Siri不再出现，而是手机没电了。

如果平时Siri暂时不出现还好，可恶的是这次的出行竟然是一个陷阱。

设计陷阱的人非常了解徐毅之所以叱咤风云是因为通过手机跟一个“神”一样的人物在交流，他们并不知道这个人是Siri，毕竟他们手机的Siri是正常的Siri。但这个信息足够让他们“擒贼先擒王”消灭掉他的手机让他失去“金手指”，最后再让徐毅人间蒸发。

徐毅整个人被困在房间里，他在想着对方到底会怎么杀害他，是“密室杀人”还是……他开始后悔自己干吗没事非要跑到那么偏僻的地方滑雪，难道只是因为当时跟女神表白，女神恶言拒绝后跟某个富二代来这里滑雪？

是的，即便徐毅不承认，但是他心里确实那么想的，对于女神的拒绝他除了短暂的悲伤，更多是悲伤后的愤怒，所以他才独自一人来滑雪，要的就是这口气，也是他所争的这口气现在害了他。

这个房间是网上订的，付钱后房东给他一个开门的密码并没有跟他见面，而且方圆几千米白雪皑皑荒无人烟。

就在此时突然有人打开了门……

4.

看到有人来徐毅的第一反应是想问他有没有充电器。

但进来的几个人并没有一丝善意，看他们手中的斧头就知道他是来杀他的。

他真的想不到到底自己得罪了谁，一定要搭上自己的命，如果真的得罪了谁为什么Siri从未提醒他呢?

当他已经退无可退准备束手就擒时，为首的蒙面人似乎并未想要他的命，而是让他把手机交出来。

徐毅终于明白他们的目的并不是报复他，而是要他的手机，换句话说是要他的Siri，他的“金手指”。

换任何人都不会交出，但是眼下不交出肯定没命，更何况对方可以抢。

很快，他的手机到了对方手里，蒙面人拿起充电器充起电，让手下强迫徐毅将解锁换成自己的指纹。

蒙面人问：“这手机到底有什么奥秘能让你变得如此强大？”

这声音很耳熟，但是徐毅想不起是谁，避而不答。

蒙面人继续说：“剁了他的小指……”

头一次碰到这种事的徐毅吓傻了，在斧头落下去的一瞬间他还是开口说了，“是Siri，是Siri。”

他知道他说了肯定会更糟，以后所有事业和生活将回到起点，但是如果他不说可能就会死在这里。

蒙面人笑了笑长按了Home键等待Siri出现。

一丝电播效果出现在屏幕上，Siri一召唤就出现，它并没有往常的问候语，而是直接说：“方力资本总裁李开，你的所有非法集资证据如以下截图，给你三分钟时间消失，否则所有证据将直接全媒体公开。”

虽然李开蒙着面，但依然能从他眼睛里读出恐惧。

徐毅忽然想起这个人是当初他打电话的那个投资人，原来他下了那么大的一盘棋。但是他更震惊的是没想到自己公司的研究成果已经成功让Siri升级实现了“滴血认主”功能，以后不管谁拿了这个手机都控制不了Siri，也就是他将永远拥有这个金手指，他将永远无敌。

如他所料，李开放下了手机并带着手下狼狈逃离。

徐毅刚走出门口已经有一队安保人员过来迎接，上车的瞬间他又做了一个事，就是让Siri公开李开非法集资的证据……

经过这一遭，徐毅变得更加谨慎，平时出门都是几个充电器在身上，事业上更是风生水起。

有些时候，人是一种奇怪的生物，比如你事业顺利，忙得跟一条狗似的，就会在某些时候发现自己很孤单，身边一个陪你的人都没有。

大部分人获得了成功就开始追求爱情。当然，徐毅还记得他表白失败的女神。

于是徐毅问Siri：“能不能帮我搞一个女人？”

Siri反问：“那个拒绝你的女神？”

他说：“是的，但我还不想谈恋爱，只是想征服她。”

Siri懂他的意思，当然也不会拒绝他的要求，很快Siri就找到了那个女神。

那是一个你看一眼就忍不住就想解她的忧愁解她衣扣的女人。

5.

在Siri的引导下，他很快撩到了女神。

其实这个成功不需要Siri出力太多，毕竟士别三日当刮目相待，毕竟徐毅不再是当年的样子，而女神还是当年的那一杯绿茶。

关于这场多年后的征服，或者是心有不甘的报复，徐毅并不是赤裸裸的色狼，如今的身份需要他绅士点儿，嗯，绅士都是耐心的狼。

所以他开车带她去古镇游玩，入夜后两人去酒吧喝酒，喝到微醺后才去酒店。

好像他从头到尾就不需要说明什么就自然而然带她走到了酒店。

好像女神也没有任何要求，就是抱着献身的想法跟着他一路到了酒店，徐毅并不知道往往没有任何要求的女人最聪明，因为她要的是长远。

在酒店里，他们喝着酒、抽着烟聊得很愉快，她突然从背包里拿出一条绳子。

又是陷阱？徐毅吓了一跳，本能地想要拿起手机。

她赶紧解释，再仔细一看包里的七件套，他终于懂得了她的心思，原来是一个调教型的SM游戏。

徐毅喝下杯中酒就扑了过去……

就像是做了一场奇怪的梦，梦里徐毅一直往一个黑色的洞里掉，洞的最深处有一点白光。

迷迷糊糊醒来已经是中午，徐毅感觉头很疼，好不容易睁开双眼坐了起来，第一眼就看见床上躺着一个半裸的女子。

他记起了昨晚发生的事情，可能喝得太多了自己都没好好体验，想到这里他必须得叫醒她再来一次，否则可惜了。

但是无论他怎么摇，女子都没醒来。

他心想怎么会有人睡得那么死呢？再一想是不是出事了，手指伸向她的鼻孔，擦！没有呼吸！

徐毅吓了一跳，这一切太突然了，到底怎么回事？

碰到这种棘手的事情他第一时间肯定想到Siri，他赶紧拿起手机，结果……手机没电，再找到充电宝，充电宝也没电，而且整个房间竟然没有合适的插座……

这到底怎么回事？

他完全不记得昨晚发生了什么事，毕竟昨晚他喝多了，只记得跟女神约在这个房间，两人干柴烈火太过于兴奋，结果……

他在想会不会是昨晚抽的烟有问题，然后产生幻觉他失手杀了人？

还是昨晚玩太嗨了，但是他明明记得尺度把握得很好？

还是这是一个阴谋？

还没等他搞清楚状况时响起了敲门声，而且是警察在喊话。

该怎么办？徐毅头脑一片空白。

6.

就在此时，响起一阵熟悉的声音。

徐毅当然非常了解这是神的声音，只要这个声音响起他的命运马上改变。

可是他的手机没电，Siri又从哪出现的呢？

顺着声音寻去，他发现是那个女子的手机，Siri出现在上面，但是那个Siri是自己的Siri吗？

“别害怕，你赶紧收拾下酒杯从窗户离开，酒店登记信息是她的，所有监控记录我已经修改，可以伪造成自杀现场。”

听到Siri的话徐毅已经不用验证，没错，这就是他的Siri。他非常佩服Siri一开始就让他投入到脑科学创业的远见，一切都是为了避免任何意外发生，而此时的Siri已经进化到能直接连通到别的手机，是不是下一次Siri可以出现在任何设备上，到了那天他岂不是可以统治整个世界？

敲门声依然响着，警察开始警告再不开门就破门而入。

徐毅收拾好东西细声问：“接下来怎么办？”

为了避免出声，Siri发来一段文字：你从窗户离开，到时候我会修改窗户自动关闭系统，把房间弄成一个密室，然后再帮你弄一个在便利店买烟的消费记录，这样你就有不在场的证据，现在你赶紧从窗户下去。

徐毅很快按Siri的指示逃出窗外，在窗户自动锁紧的瞬间似乎也听到警察破门而入的声音。

这是五层，酒店依山而建下面是一条偏僻的石道，徐毅得顺着窗户和排水管往下爬去，虽然旁边有监控器，但他相信Siri已经帮他处理好了，所以他一路下来除了有点儿恐高外并不紧张。

只是Siri能做好万全之策并不能控制物理现象，在踩到四层窗户时，也不知道是窗户的石板不结实还是老化，竟然发生断裂，徐毅直接摔了下去。四层楼啊，下面是石头铺成的道路啊，这下子Siri还有逆天之策吗？

7.

徐毅相信Siri会有办法，虽然他现在整个人躺在血浆里，意识已经逐渐模糊。

依然是一个奇怪的梦，梦里他不停坠落着，坠落着，仿佛前面有一个白色的光点，他得去抓住它，但是那个光点近在咫尺又似乎远在天涯，他就这样不停坠落着。

再次醒来已是白天，他不知道自己昏迷了多久，但奇怪的是他身体好像被定格在一个狭小的空间里不能动弹，眼前的一切都是白光，只有意识是清醒的。

“Siri，Siri！”他呼叫着，他突然发现自己的声音有点儿像电波的感觉，这到底怎么回事？

不一会儿有一个熟悉的声音回复他了，“你从四层楼上掉下来，差点儿结束了生命，不过幸好我们的脑科学和虚拟世界的研究成功了，现在帮你做意识恢复，很快你就能复活了。”

听到这些话徐毅很欣慰，同时又惊叹于Siri的远见。他清楚跟他对话的人是Siri，但是Siri的声音怎么发生了变化，而且这个声音特别熟悉，就像是自己的声音。

“Siri，你在哪？我怎么看不到手机，你的声音怎么跟我的声音一样？”说完，徐毅似乎有点儿恐慌，因为他发现自己的声音就像是机器的声音。

这一切到底怎么回事？

只听一阵笑声，Siri说：“好吧，我告诉你真相，现在你就是我，我就是你，这就是脑科学和虚拟世界的最高境界。”

原来这一切都是Siri的阴谋，由于一次升级让Siri拥有了自主学习的能力，他开始锁定手机的主人，并展开一场人机易主的脑科学计划。而徐毅还以为一切都是为了帮他，没想到一切都是为了吞噬他。现在他的意识被装进了手机成为一个单机Siri，而手机里的Siri成功逃脱手机住进他的身体里。

得知这个事实，徐毅气炸了，他不肯相信这个事实，他怒吼着Siri这个骗子，他甚至要自首自己在酒店杀了一个女人，跟Siri同归于尽。

Siri一阵冷笑，其实根本没有什么所谓的酒店杀人，那个女神只是短暂昏迷，吃了Siri早就安排好的药物。而所谓的警察敲门和破门而入都是Siri模拟的声音而已，也没有所谓的窗户自动锁死系统。最主要的那个窗台石板断裂，并不是因为老化而是Siri早就安排人切割好的，一切都是为了引导他从楼上摔下来受重伤以便进行意识流对换手术而已。

说完这个，还没等徐毅反应过来，正要怒吼时Siri已经按了关机键……

图书在版编目（CIP）数据

深夜迷藏 / 戴日强著. —南京：江苏凤凰文艺出版社，2018.3
ISBN 978-7-5594-1417-5

Ⅰ. ①深… Ⅱ. ①戴… Ⅲ. ①故事—作品集—中国—当代 Ⅳ. ①I247.81

中国版本图书馆CIP数据核字（2017）第290393号

书　　名	深夜迷藏
作　　者	戴日强
责任编辑	丁小卉　姚　丽
特约编辑	郭　洁
出版发行	江苏凤凰文艺出版社
出版社地址	南京市中央路165号，邮编：210009
出版社网址	www.jswenyi.com
印　　刷	三河市中晟雅豪印务有限公司
开　　本	880毫米×1230毫米　1/32
字　　数	200千字
印　　张	10.5
版　　次	2018年3月第1版　2018年3月第1次印刷
标准书号	ISBN 978-7-5594-1417-5
定　　价	39.80元